完整社区
理论、实践与新探索

湖北省规划设计研究总院有限责任公司 编著

SUITABILITY | COORDINATION | INNOVATION
适 用 | 协 调 | 创 新

ECOLOGY | SHARING
生 态 | 共 享

理论
general rules

工作机制及规划方法导引
working mechanism and guidance of planning method

规划准则和技术导引
planning guidelines and technical guidance

华中科技大学出版社
http://press.hust.edu.cn
中国·武汉

内容简介

本书全面总结了完整社区建设的理论基础，系统梳理了完整社区建设的地方经验，归纳形成了完整社区建设的技术指南和全过程工作指引。

图书在版编目（CIP）数据

完整社区：理论、实践与新探索 / 湖北省规划设计研究总院有限责任公司编著. —— 武汉：华中科技大学出版社，2024.12. —— ISBN 978-7-5680-7640-1

Ⅰ.C916.2

中国国家版本馆CIP数据核字第20241CU306号

完整社区：理论、实践与新探索　　湖北省规划设计研究总院有限责任公司　编著

Wanzheng Shequ: Lilun、Shijian yu Xin Tansuo

出版发行：	华中科技大学出版社（中国·武汉）	电话：	（027）81321913
	武汉市东湖新技术开发区华工科技园	邮编：	430223

策划编辑：易彩萍　　　　　　　　　　　　　美术编辑：张　靖
责任编辑：易彩萍　　　　　　　　　　　　　责任监印：朱　玢

印　　刷：湖北金港彩印有限公司
开　　本：710 mm×1000 mm　1/16
印　　张：17.5
字　　数：314千字
版　　次：2024年12月 第1版第1次印刷
定　　价：98.00元

本书若有印装质量问题，请向出版社营销中心调换
全国免费服务热线：400-6679-118 竭诚为您服务
版权所有　侵权必究

《完整社区：理论、实践与新探索》编辑委员会

主　　编	熊　娟　胡凯璐　陈　涛
编　　委	黄　平　徐玉红　陈　华
	李志君　朱殊同　刘　勋
	王　慧　刘和涛　李　浩
	谭学堂　李　俊　王克宝
	朱　琳　盛　敏　陈慧媛
	袁奕琪　郭心禾　高　路
	方　艳　赵　娜　梁文强
	祝　玲　赵保龙　吴国权
	陈裕博　贺耀庭　刘雅婷
	刘超群　胡子立　江　威

支撑课题：完整社区建设工作指引研究
　　　　　（湖北省住房和城乡建设厅）

课题组长	万应荣
副组长	禹滋柏　刘登强
成　员	张　迪　周华银　龚旺林
	谷家雨　程　涛　石　坚

CONTENTS/ 目录 >>

第 1 部分
理论篇

1　基本概念 / 03
1.1　什么是社区 / 04
1.2　社区规划缘来 / 14
1.3　社区规划研究 / 20
1.4　相关研究 / 28

2　技术体系 / 31

3　社区发展新趋势 / 39
3.1　多元社区 / 40
3.2　多元共治 / 44
3.3　嵌入式服务 / 46
3.4　"一老一小"友好型社区 / 48

5　建设规划 / 103
5.1　湖北省住建小区完整社区规划 / 104
5.2　磁湖社区建设规划 / 112

6　实践经验 / 135
6.1　八古墩社区 / 136
6.2　绿洲社区 / 139
6.3　顾家片区 / 146
6.4　万家堰社区 / 155
6.5　东亭社区 / 158
6.6　盛隆社区 / 165
6.7　青龙社区 / 170
6.8　风光社区 / 176
6.9　先锋营小区 / 187
6.10　杨基塘社区 / 188

第 2 部分
实践篇

4 专项规划 / 55

4.1 黄石市社区改造提升规划策略研究项目 / 56
4.2 大冶市完整社区建设规划 / 63
4.3 湖北老旧小区改造"当阳模式"——社区生活圈品质提升规划研究 / 73
4.4 黄石市西塞山区完整社区建设规划 / 95

第 3 部分
探索篇

7 建设标准 / 193

7.1 建设要求 / 194
7.2 规模标准 / 196
7.3 建设标准 / 201

8 场景营造 / 211

8.1 创新创业场景 / 212
8.2 全民学习场景 / 214
8.3 绿色低碳场地 / 217
8.4 文化休闲场景 / 221
8.5 健康医疗场景 / 224
8.6 公共服务场景 / 227
8.7 城市安全场景 / 232
8.8 邻里生活场景 / 237

9 社区规划工具箱 / 245

9.1 社区使用视角 / 246
9.2 技术 / 管理使用视角 / 257

第 1 部分

理论篇
THE THEORY PART

基本概念
技术体系
社区发展新趋势

1

基本概念
BASIC CONCEPTS

1.1 什么是社区

社区概念辨析

费孝通主持编写的1984年版《社会学概论（试讲本）》中将社区定义为：若干社会群体（家庭、民族）或社会组织（机关、团体）聚集在某一个地域里所形成的一个在生活上相互关联的大集体。

《民政部关于在全国推进城市社区建设的意见》中对社区的表述是指聚居在一定地域范围内的人们所组成的社会生活共同体。

在以上定义中，"地（理区）域"表达了空间的内涵，但是对于地域范围及其大小并无明确规定。

社区的城市规划学概念

在城市规划学科体系下，社区的概念将"社会"与"空间"结合。指的是基于地域基础上，处于社会交往中的具有共同利益和认同感的社会群体。

该表述的侧重点与传统定义或行政定义存在一定程度上的差异。

本书将以城市规划学科体系中表达的"社区"概念为依据，进行完整社区理论、实践与新探索的阐述。

社区

理论篇　/ 05
1　基本概念

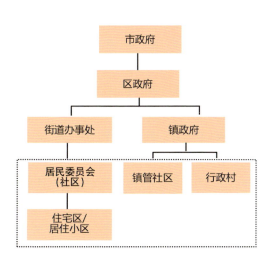

社区组成及环境

社区组成要素

社区成员

社区行为的主体。

共同意识

有关社区互动的社区道德规范、价值判断及控制的力量。

社区组织

维系社区内各类组织与成员关系的权利结构和管理机制。

物质环境

社区的自然资源、公共服务设施、道路交通、住宅建筑等硬件环境。

基本情况	居住环境及公共服务设施
个人信息 家庭信息 住房情况	公共活动空间 景观绿化 文教体卫设施

交通出行	社区治理情况
停车位 出行方式	社区治安 邻里关系 居委会 老年人帮扶

社区治理

社区作为现代城市的基本单元，是社会治理的最基层单元，不同社会的文化传统、居民收入、教育程度、自然环境和国家治理体系这5个方面都会反映在社区治理的设计和创新中。

中国的社区治理是我国文化传统、社会经济发展和国家治理体系的直接反映。

社区治理意义与挑战

社区已成为社会管理和社会治理的前沿。2016年以来，习近平总书记曾在不同场合、不同城市社区多次表达了对于社区和社区治理的关注。

——"社区是党和政府联系、服务居民群众的'最后一公里'，要健全社区管理和服务体制，整合各种资源，增强社区公共服务能力。"

——"社区是基层基础，只有基础坚固,国家大厦才能稳固……把社区建设好，把幼有所育、学有所教、劳有所得、病有所医、老有所养、住有所居、弱有所扶等目标实现好。"

——"城市治理的'最后一公里'就在社区。"

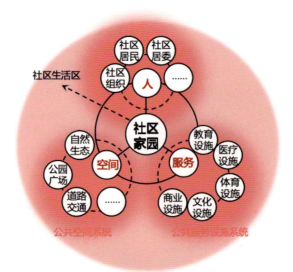

社区家园示意图
（图片来源：黄瓴，2021）

从"粗放式"治理到"精细化"治理

社区的精细化治理,是把社区的功能进行精准、细化落实的过程。

社区的精细化治理,既是解决积累的历史问题的迫切需求,也是与信息技术提供的可能性相结合构成的时代进步的体现。社区精细化治理的过程就是监测、维持与培育社区生命体健康成长和创新发展的过程。以往的社区是"粗放式"的治理管理模式,造成社区工作难以协调、社区自治程度低、社区环境品质低下等问题,社区居民,特别是弱势群体的生活需求没有得到满足。

未来,社区势必通过精细化治理,逐渐成为宜居、乐业、善治的生活载体,让社区的创新力成为城市创新力的源泉之一。

"15分钟生活圈"的诞生

2016年,《上海市15分钟社区生活圈规划导则(试行)》和《上海15分钟社区生活圈规划研究与实践》发布;2017年9月,《北京城市总体规划(2016年—2035年)》发布;2018年1月,《上海市城市总体规划(2017—2035年)》公布,均提出打造"15分钟社区生活圈"的理念。而自2019年启动编制,2021年6月,自然资源部组织京沪等地发布的《社区生活圈规划技术指南》(TD/T 1062—2021)行业标准,进一步把相关理念和行动向全国推广。广州、深圳、杭州、武汉等城市相继提出和制定了各自的社区生活圈规划和发展战略。

"15分钟生活圈"的挑战

①由于存在诸多现实差异,基于城市建成区的社区生活圈研究方法、规划策略与实施途径并不能直接适用于城市新区,因此,应区别对待建成区与新建区的社区生活圈规划。

②生活圈划定的学理依据不足,圈的中心具有不确定性,圈的边界具有模糊性。

③社区生活圈规划侧重社区生活圈的"顶层设计",自上而下的色彩浓厚,是从供给侧出发,在城市总体规划层面划圈进行调配,以保障相应的公共服务供给。划圈所采用的方法虽然也力求从居民需求视角和惯常时空行为特征出发,但总体规划阶段的空间尺度和工作性质决定了有限的划分精度。此外,生活圈划分的结果处置起来也较尴尬。

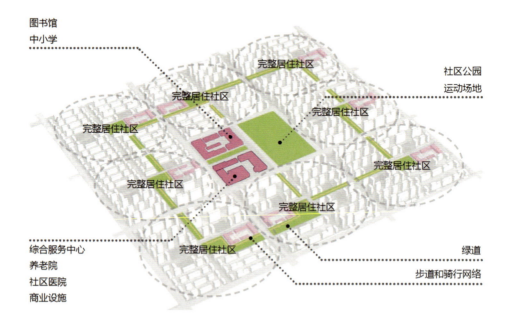

"15分钟生活圈"结构及配建设施示意图
（图片来源：住房和城乡建设部《完整居住社区建设指南》，2021）

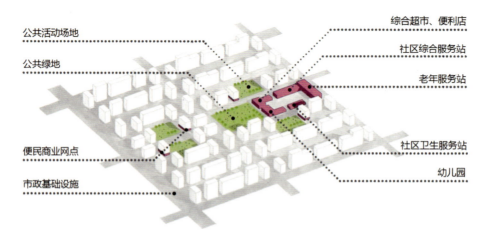

完整社区配套设施示意图
（图片来源：住房和城乡建设部《完整居住社区建设指南》，2021）

理论篇 / 09
1 基本概念

从"15分钟生活圈"到"完整社区"

2010年，吴良镛院士提出"完整社区"的概念。2020年8月，由住房和城乡建设部牵头13家部委（不涉及民政部）联合发布《完整居住社区建设标准（试行）》。2021年12月，住房和城乡建设部发布《完整居住社区建设指南》。

完整社区是指在居民适宜步行范围内有完善的基本公共服务设施、健全的便民商业服务设施、完备的市政配套基础设施、充足的公共活动空间、全覆盖的物业管理和健全的社区管理机制，且居民归属感、认同感较强的居住社区。

完整社区最小单位的划定

①各地应根据儿童、老年人等社区居民的步行能力、基本服务设施的服务能力以及社区综合管理能力等，合理确定完整社区规模。以居民步行5~10分钟到达幼儿园、老年服务站等社区基本公共服务设施为原则。

②以城市道路网、自然地形地貌和现状居住小区等为基础，与社区居民委员会管理和服务范围相对接，因地制宜、合理确定完整社区规模。

③原则上单个居住社区以5000~12000人口规模为宜。

步行时间：5~10分钟
5~10分钟内步行可达各类社区服务设施

步行距离：300~500米
社区空间尺度与城市路网结构相匹配

常住人口：5000~12000人
居民有相同的文化认同感

公交距离：1站
公交车1站可便捷到达

完整社区规模要求
（图片来源：住房和城乡建设部《完整居住社区建设指南》，2021）

完整社区和"15分钟生活圈"的规模

判断指标	完整社区		判断指标	"15分钟生活圈"	
	数值/类型	说明		数值/类型	说明
步行时间	5~10分钟	步行可达各类社区服务设施	步行时间	15分钟	步行可达各类社区服务设施
步行距离	300~500米	社区空间尺度与城市路网结构相匹配	服务半径	800~1000米	生活圈尺度由城市干路或用地边界线所围合
常住人口	5000~12000人	居民有相同的文化认同感	居住人口	5万~10万人	—
公交距离	1站	公交车1站可便捷到达			
管理服务	—	与社区居民委员会管理和服务范围相衔接	管理服务	—	与街区、街道的管理和服务范围相衔接
必要设施	幼儿园、老年服务站	社区基本公共服务设施	配套设施	中小学、养老院、社区医院、运动场馆和公园等	社区商业、服务、教育、医疗、体育、休闲等设施

"15分钟生活圈"VS完整社区

传统居住区规划空间结构等级：居住区（"15分钟生活圈"）—居住小区（完整社区）—居住组团。

"15分钟生活圈"规模与居住区、街道社区的规模相当，并采用了原先居住区规划空间结构等级体系中的人口规模和服务半径。《完整居住社区建设指南》实际上认可居住区或街道社区才是"完整社区"。

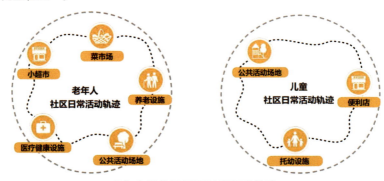

老年人及儿童社区日常活动轨迹
（图片来源：住房和城乡建设部《完整居住社区建设指南》，2021）

理论篇　　/ 11
1　基本概念

社区分类一

既有社区：2000年以前建成的老旧社区。

新建社区：正在建设或建成时间相对较短的社区。

社区分类二

老城风貌型社区：建设于1958年以前的社区。

单位大院型社区：以一个或多个单位为核心，以居住和生活服务功能为主体，由单位员工及其家属为主要成员所构成的城市地域中的社区。

老旧商品房社区：主要为2000年以前建造，房龄超过15年的社区。

既有社区

既有社区

①建成时间较久。
②失养、失修、失管。
③市政配套设施不完善。
④社区服务设施不健全。

完整社区 理论、实践与新探索
PLANNING FOR INTEGRATED COMMUNITY IN THEORY, PRACTICE AND NEW EXPLORATION

新建社区

新建社区

①正在建设。
②建成时间相对较短。
③各项功能相对完善的社区。

老城风貌型社区

老城风貌型社区

该类社区主要为集中建设于1958年以前的社区,大多为居民自建房,无统一规划。

建筑破败严重,房屋密度高;街巷狭窄、拥挤,缺乏公共空间;停车难,存在严重消防隐患。

单位大院型社区

单位大院型社区是我国计划经济时代的产物，一般以一个或多个单位为核心。受建设背景与建成时长约束，老旧社区面临基础薄弱、设施老化、公共空间狭小等问题。这些问题不仅影响了居民生活质量，同时还带来了较高的维护与管理成本。社区逐渐成为无物业社区，形成恶性循环；原住户外迁，由单位维系的熟人社会关系网络逐渐碎化，原本有序的社会与空间秩序逐渐瓦解。

单位大院型社区

老旧商品房社区

老旧商品房社区

老旧商品房社区主要为 2000 年以前建造，房龄超过 15 年的社区。这一社区类型更加重视空间的营造，并采用淡化组团结构、加强邻里院落、提高小区的公共服务能力这些手段来创造更加符合居民生活规律、灵活多样的空间结构。

1.2 社区规划缘来

什么是社区规划

社区规划作为详细规划的一种末端工作类型,是城市发展到存量更新和精细化治理阶段必然涌现且举足轻重的事务。国家部委强调和推动的"15分钟生活圈""完整社区""社区营造""共同缔造"等理论和实践指引,无疑会让新时期的社区规划被更多人认识和重视。

社区规划更多是因"需求侧"的诉求而产生,而非由"供给侧"的行政管理所生成。居住区规划类型已被社区规划类型所替代,社区规划是在规划之上的再规划、规划之后的再规划,作为前提的规划是居住区规划、居住小区规划、城市详细规划等。

理论篇 / 15
1 基本概念

	传统社区更新		当代社区更新	
研究内容	现象稀释	➢ 工程层面的物质环境改善 ➢ 传统风貌的延续与文化的传承	理论建构	➢ 构建新的理论方法与研究范式 ➢ 多种学科的加入扩大了内涵
更新目标	单一的土地价值	➢ 改善旧城面貌 ➢ 以经济价值为主导	多维价值重构	➢ "五位一体"、全面可持续 ➢ 以人为本、社会公平、和谐幸福
更新对象	物质与文化优化	➢ 关注社区空间、经济、社会、管理特征 ➢ 忽视改造带来的问题	政策机制综合设定	➢ 重新认识更新目标和改正更新模式 ➢ 健全各种法规与流程
更新主体	政府主导	➢ 主流模式：政府指示，下级落实 ➢ 房地产企业追求经济效益	多元主体共同主导	➢ 政府部门转变角色，提供政策制度支持 ➢ 四类主体：政府、居民、专业人士、利害关系人
更新方式	借鉴西方理论	➢ 借鉴西方理论 ➢ 大拆大建，更新形式单一	结合中国语境	➢ 综合国内外的改造经验，探索具有中国特色的多种社区可持续改造模式 ➢ 讨论公有制下社区的权力赋予问题

传统社区与当代社区更新对比
（图片来源：刘建军，2023）

社区规划思想演进

从 1989 年吴良镛院士主导的北京菊儿胡同试验改造开始算起,我国的社区更新已走过 30 多年的历程。

第一阶段(1989—1999 年)

政府主要采取旧城改造的方式,重点解决居民最基本的住房问题,强调居住安全和卫生。该阶段,某些大规模拆建切断了城市文脉,忽视了居民的心理需求。

规划思想主要为:城市新陈代谢、国外经验、有机更新理论。

第二阶段(2000—2014 年)

学界开始广泛借鉴国外的优秀经验,围绕更新中的经济、社会、生态效益等问题展开讨论。

规划思想主要为:社区营造、微更新、精细化治理、城市针灸。

第三阶段(2015 年至今)

2020 年 9 月,我国明确提出"双碳"发展目标,社区低碳更新成为建筑行业节能减排的重要着力点。2022 年,《住房和城乡建设部办公厅、民政部办公厅关于开展完整社区建设试点工作的通知》发布。2023 年 2 月,湖北省住房和城乡建设厅、民政厅发布《关于开展完整社区建设试点工作的通知》。

规划思想主要为:生活圈理念的提出——15 分钟社区生活圈、完整社区营造。

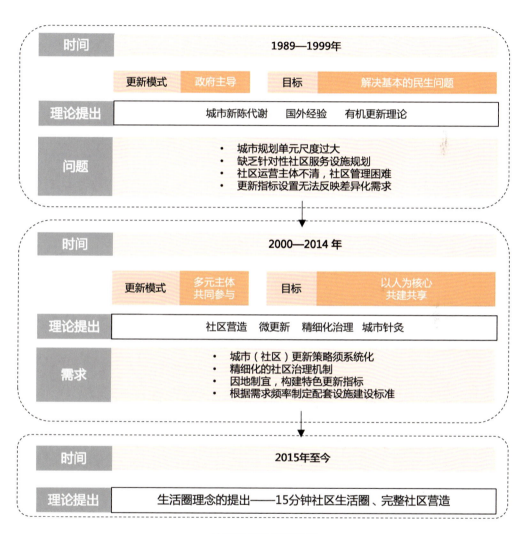

社区规划思想演进图

完整社区规划原则

①以人为本原则。社区居民是社区的主体，完整社区规划以人的全面发展为中心，服务于人群需求，因此其建设过程需要多方主体共同参与。

②因地制宜原则。完整社区规划是作用于具体社区的实践工作，需要针对社区实际问题因地制宜提出解决方案。

③刚性及弹性结合原则。在规划指标和规划内容上进行刚性、弹性的分层控制，增强规划适应性和灵活性，以提高社区在应急突发情况下的抗风险能力。

④可持续发展原则。规划应体现公平性、持续性和共同性，促进实现社区社会、经济、文化和生态的协调发展。

⑤持续滚动原则。根据时效性、可实施性区分近期及远期规划目标和策略，同时根据社区外部环境和内部结构的变化、规划实施情况定期进行修编。

社区活动

完整社区规划目标

①增强社区自豪感和共建参与感。

②改善房屋质量及生活环境。

③促进就业、培训和教育发展，发展社区经济。

④改善社区治安及减少犯罪。

⑤提升居民的健康水平和福祉。

⑥提高居民和第三方机构对政策的响应能力。

完整社区规划意义

让人民当家作主，实现社区赋权，推动城市更新范式的转变，实现社区治理的多方参与、共建共享。

社区公共空间

完整社区基本要求——完整性

①空间完整性是指将完整社区作为具有一定面积的城市空间单元进行综合统筹。

②设施完整性是指完整社区设施体系要素齐备、职能齐全。

③文化完整性是指居民普遍认同社区人文环境和精神内核。

④治理完整性是指建立起社区事务协商共建、共治的多级治理体系。

人文社区

1.3 社区规划研究

社区规划历程

第一阶段为20世纪初到第二次世界大战时期，社区规划作为一种发展工具介入城市空间的生产过程中，社区被视为空间规划的基本单元。

第二阶段是第二次世界大战后到20世纪60年代，社区规划采用政府主导下的一元治理城市更新模式，力求通过社区层面物质环境的改善来实现社区改良的目标。

第三阶段是20世纪60年代至20世纪末，采用政企合作下的二元治理城市更新模式。社区规划强调以社区行动为落脚点，政府、市场、社会多元主体协同参与，通过社区行动计划、社区战略等实现环境、经济、社会等发展议题的全面融合。

第四阶段是21世纪以来，社区规划采用多方协同下的多元共治城市更新模式。这一阶段重点关注形塑关系网络、建立社区共识、强化地方依赖等的社会过程，以及发展社区主体性、提升自组织能力、促进多元协作等行动过程。

多样社区活动

理论篇 / 21
1 基本概念

第一阶段: 20 世纪初到第二次世界大战时期	□ 社区规划作为一种发展工具介入城市空间的生产过程中。 □ 社区被视为空间规划的基本单元。
第二阶段: 第二次世界大战后到 20 世纪 60 年代	□ 社区规划力求通过社区层面物质环境的改善来实现社区改良的目标。 □ 对于日常生活、地方关系和社会网络的忽视,加剧了空间同质化、空间隔离等问题。 □ 人文主义城市思想对此批判与反思。
第三阶段: 20 世纪 60 年代至 20 世纪末	□ 社区规划转向探索一种融合了社会、政治、经济和空间发展的综合性方法。 □ 强调以社区行动为落脚点,政府、市场、社会多元主体协同参与,通过社区行动计划、社区战略等实现环境、经济、社会等发展议题的全面融合。
第四阶段: 21 世纪以来	□ 地方性与全球性相叠合的视角。 □ 重点关注形塑关系网络、建立社区共识、强化地方依赖等的社会过程,以及发展社区主体性、提升自组织能力、促进多元协作等行动过程。

社区规划编制原则

（1）社区主体：坚持以社区为主体是社区规划动力的核心。社区居民作为社区规划的真实体验者和最终受益者，最了解社区环境，也是其主要使用者，也是需求反映者、发展谋划者、服务提供者、规划实施者和监督评价者。

（2）综合发展：面对社区这个社会—空间复杂体，社区规划的目标应指向社区的综合全面发展，规划策略也应是覆盖多个维度，并充分关注各个维度之间的相互影响和互动。

（3）共同参与：通过共同参与，促进民意表达和供给侧改革，让服务和产品供给与社区需求之间实现更好的匹配。

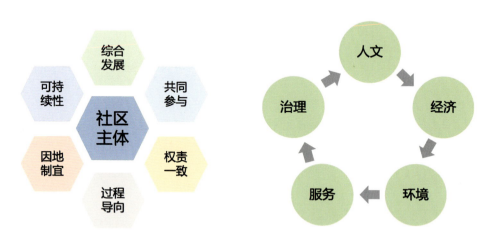

社区规划编制原则
（图片来源：刘佳燕，2020）

（4）权责一致：秉承谁主张、谁受益、谁负责的原则，权责一致是社区规划的行动逻辑。明确各参与主体的权利、责任和义务边界，避免有权无责、有责无权或推责争权的状况。

（5）过程导向：社区规划的核心价值不是最终描绘的"美好蓝图"，而更多附着于实现蓝图的行动过程。很多时候过程价值要重于行动效率或行动结果。

（6）因地制宜：每个社区的资源禀赋、历史人文、区位环境、产业构成和居民需求等都有其独特的基因，需要因地制宜探索在地化的知识体系和实施技术。

（7）可持续性：社区规划不能只是一次性或碎片化的活动，需要关注对社区可持续自主发展能力的培育和提升。

社区共建

国内社区规划研究

我国社区规划建设自1949年中华人民共和国成立后正式启动,总体经历四个发展阶段。

中华人民共和国成立初期至改革开放期间,是物质空间层面的综合功能性社区建设阶段。此时的社区规划发展受经济、政治等影响,经历了波折化发展,"文化大革命"等政治性影响使得社区建设停滞不前,"文化大革命"过后,亟待物质空间层面的环境修复建设。

改革开放后至20世纪90年代末,是经济转型期间的社区更新转型探索阶段。国外社区更新理念开始影响中国,以吴良镛院士为代表,国内许多学者展开了城市"有机更新"的理论与实践研究,逐步展开了经济转型期间全国性的社区更新探索。

2000年后进入21世纪,社区微更新开始重视非物质空间层面的多元化发展,提倡以多元参与促进社会融合、历史文化保护等,并呈现出"自下而上"的更新诉求。

2014年至今,进入人本化、可持续的社区更新全面探索阶段。首先,20世纪的老旧社区普遍环境质量较为低下,基础设施配备不足;其次,由于利益矛盾日益复杂化,造成社区人际疏离、邻里淡漠及社会阶层不平等现象,这些均是现阶段社区微更新中面临的巨大挑战。

国内社区发展

理论篇 / 25
1 基本概念

在20世纪90年代社区建设的开展及2000年社区制的建立过程中，政府通过出台一系列政策，将社区构建为我国最小的行政区划单元，具有法定地理范围。

我国社区更新以社会、环境、经济多方面为一体的可持续发展为基本出发点。一方面，我国积极探索基层群众自治的社区治理模式；另一方面，我国现有老旧小区环境衰退、服务设施缺乏，需要进行环境和生活质量提升；再一方面，我国希望通过社区更新的具体项目实施，拉动内需，促进经济增长。

我国社区更新公众参与的助力，主要来自政策的推动和保障，进而带动设计专家实践及公众参与。

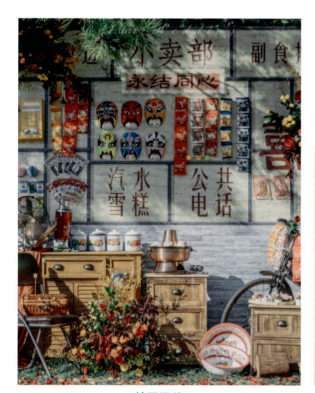

社区旧貌

> 物质环境改善是我国社区更新的基础目标，一般包括对街区公共空间环境的提升和公共服务设施的改善。社区精神共同体的形成是我国社区更新专业目标下社会层面的主要目标，共同体的形成有利于居民与社区对社区共同愿景的实现达成共识。

国外社区规划研究

西方国家基于城市规划领域的社区更新历程可划分为三个发展阶段。

19世纪40年代至20世纪初期，城市化发展带来了诸如生态环境恶化、居住环境质量低下及住房紧张等问题。在此背景下，西方国家开展了多维度的城市规划探索与实践，逐渐聚焦于微观社区的小规模更新改造。

第二次世界大战后，西方国家正式拉开城市更新的序幕，直至20世纪80年代，这一时期是世界范围的社区发展建设阶段，并趋向多元主体化发展，承载基层管理、民主改革、社会治理等多元化功能。

经历一个多世纪的探索与实践，20世纪80年代至今，西方国家的社区更新已逐渐发展成熟，进入多元化、可持续的社区共同体建设阶段。

欧美	・社区的社会规划，作为解决社区社会问题、进行社会改良、推动社区发展的手段和过程。 ・通过公众参与和互动式的规划设计过程，让多元化的社区成员（利益相关者）共同推动。
日本	・"社区营造"：包含"经营"与"创造"两层含义——长期的、集体性的经营，并强调创造性。 ・在社区进行物质建造，改善生活服务设施，推动社区内部居民互助解决公共事务。

理论篇　/ 27
1　基本概念

社区公共活动

从20世纪90年代开始，英、美等国家的社区更新及公众参与基于可持续发展理念，从"实用主义"出发，开始关注"社会中"的物理空间和社会正义。

在社区更新发展初期，主要关注社区贫困问题，包括住房、经济、就业等方面，并试图消除社区贫困，以达到城市平衡发展。因此英、美等国家政府和专家意识到，赋予社区权利与提升社区责任感，仍然是解决问题的关键。

这些国家主要通过社区组织自身的利益争夺，以及建筑师和规划师在专业设计层面的倡导，推动社区更新的公众参与，进而影响政策的制定。

1.4 相关研究

为所有人建设可持续的城市和人类住区

2016年,在厄瓜多尔基多举行的联合国第三次住房和城市可持续发展大会(简称"人居三会议")通过了《新城市议程基多行动计划》和《为所有人建设可持续城市和人类住区基多宣言》(后者简称《宣言》,两者合称《新城市议程》)。《宣言》中提出建设一个具有参与性、包容性、安全性、可持续性的城市和人类住区。

《新城市议程》呼吁:①不让任何一个人掉队,确保平等的权利和机会、社会经济和文化多元性及城市空间的融合,改善宜居性、教育、粮食安全和营养、卫生和福祉;②确保城市经济的可持续和包容性,为所有人提供具有充分生产性的就业机会和体面的工作;③确保环境的可持续性,保护生态系统和生物多样性,推动可持续的消费和生产方式,加强城市韧性。

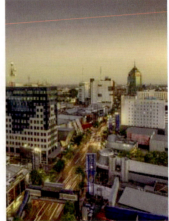

建设可持续城市

城市生活空间与生活圈的研究

柴彦威教授强调社区生活圈规划的重要性，认为它不仅是公共服务设施优化的场所，还具备安全、社交等功能。社区生活圈衔接了"家"和"城市"，是生活圈空间体系中的基础单元。社区生活圈的基本特征为近家性、开放性、在地性，因此社区生活圈的划定更加灵活，更能适应不同群体的需求。社区生活圈规划应突破传统规划思维，从"便民"社区生活圈，升级为"安民"社区生活圈及"乐民"社区生活圈。

现有社区生活圈边界多依据步行可达范围进行划分，一般以居民步行 15 分钟内可达范围作为社区生活圈的时空边界，实际上仍然是传统物质空间规划的延续。理想的社区生活圈规划应突破这个思路，其时空边界划分应因"地"而异、因"人"而异，在高龄化社区、教育资源导向社区、老旧社区等特殊的社区中也应该体现社区特色，并在规划中应突出弹性与模糊性，要注重预留发展空间并适度超前设计。

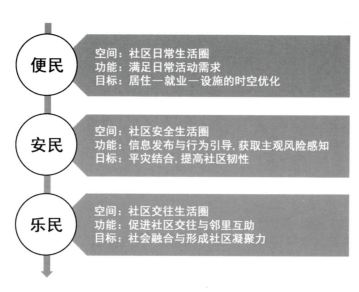

社区生活圈研究
（图片来源：柴彦威，2021）

2

技术体系
TECHNOLOGY

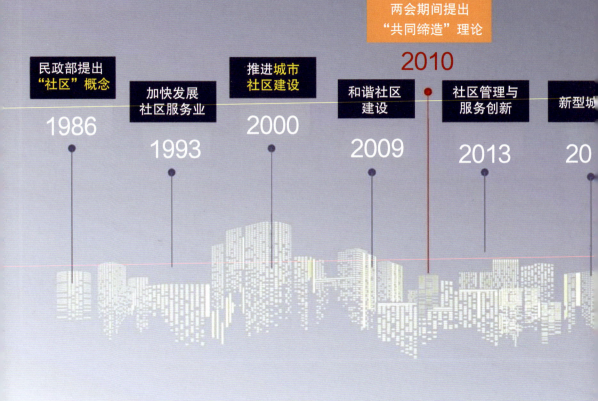

社区规划技术要点

- 我国从最早的井田制、里坊制、单位制,到街道居委会制和住房改革后的现代社区。
- 民政部于1986年首次在城市管理中引入"社区"概念。
- 社区一直以来都是城市结构的基本单元、居民生活的基本单元,也是社会治理的基本单元。

近十年主要文件

- 2016 城乡社区服务体系建设
- 2017 城乡社区治理
- 2018 居住区规范更新为标准
- 2020 老旧小区改造
- 2022 全面推进完整社区建设
- 2023 《城市社区嵌入式服务设施建设工程实施方案》

序号	年份	近十年主要文件
1	2013	民政部《关于加强全国社区管理和服务创新实验区工作的意见》
2	2014	中共中央 国务院《国家新型城镇化规划 (2014—2020 年)》
3	2015	中共中央办公厅 国务院办公厅《关于加强城乡社区协商的意见》
4	2015	中央城市工作会议
5	2016	民政部等十六个部门《城乡社区服务体系建设规划 (2016—2020 年)》
6	2016	中共中央 国务院《中共中央 国务院关于进一步加强城市规划建设管理工作的若干意见》
7	2017	中共中央 国务院《中共中央 国务院关于加强和完善城乡社区治理的意见》
8	2018	住房和城乡建设部《城市居住区规划设计标准》
9	2020	国务院办公厅《国务院办公厅关于全面推进城镇老旧小区改造工作的指导意见》
10	2020	住房和城乡建设部等十三个部门《住房和城乡建设部等部门关于开展城市居住社区建设补短板行动的意见》
11	2021	住房和城乡建设部办公厅《完整居住社区建设指南》
12	2022	住房和城乡建设部办公厅 民政部办公厅《住房和城乡建设部办公厅 民政部办公厅关于开展完整社区建设试点工作的通知》
13	2023	国家发展改革委《城市社区嵌入式服务设施建设工程实施方案》

社区的内涵特征及案例经验表明，完整社区具有系统性和持续性特征，涉及策划、投融资、规划设计、建设、运营等工作内容

策划阶段：一般包括试点申报、项目策划、设计咨询、招商咨询、运营咨询等类型。

投融资阶段：一般包括投融资咨询、项目可研报告、项目实施方案、不动产投资信托基金（Real Estate Investment Trusts，REITs）发行咨询等类型。

规划设计阶段：一般包括完整社区专项规划（县、市、区尺度）、完整社区建设规划（社区尺度）、完整社区实施方案等类型，本书主要从规划设计阶段展开。

建设阶段：一般包括项目管理、设计管理、造价管理、工程监理、EPC建设等。

运营阶段：一般包括智慧社区平台、绩效考核、项目联合运营、项目移交咨询、项目后评价等。

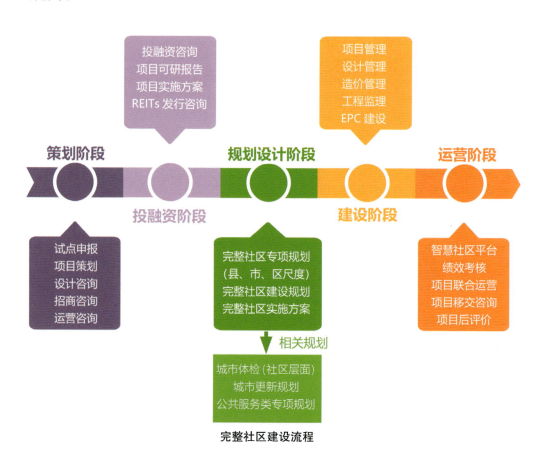

完整社区建设流程

专项规划：区域完整社区建设工作的总体指引

以"问题导向+目标导向+实施导向"为总体架构，是县（市、区）完整社区建设的总体纲领。

一是以问题导向定空间单元，全面调查城市社区人口分布、设施状况、资源特色等建设现状，系统评估社区需求及完整社区建设水平，从人口分布、行政管理出发，合理提出完整社区空间单元，划定完整社区空间布局一张图。

二是以目标导向定建设标准，按照《完整居住社区建设标准（试行）》，结合地方实际制订不同场景完整社区设施建设标准，并对社区物质空间硬件和社会服务软件建设提出建议。

三是以实施导向定行动计划，按照先急后缓、分步实施原则提出完整社区建设行动计划，统筹安排建设时序，科学制订近期项目库，明晰相关部门、街道办事处及社区、专营单位等各类主体在完整社区建设中的责任。同时，对资金筹措、监督管理、整合资源、宣传引导提出具体的保障要求和措施。

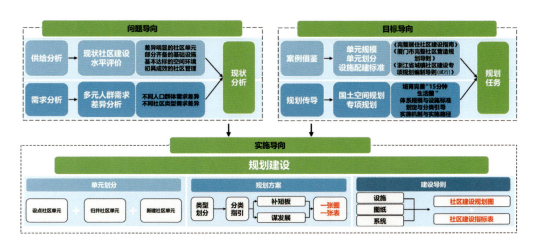

完整社区专项规划技术路线

设计方案：聚焦社区建设的系统设计

对社区布局结构、住宅群体布置、道路交通、生活服务设施、绿地和游憩场地、市政公用设施和市政管网等各个系统进行综合、具体的安排，是城市详细规划的组成部分。

社区建设

实施方案：针对社区发展目标与居民具体诉求的解决方案

聚焦街道及社区层面的社区发展治理的实施性规划，如上海、武汉、成都均聚焦社区开展了系统性的社区微更新规划研究，探索了一套以问题为导向、公众深度参与、借助多方力量的社区规划工作方法，并结合居民意见和社区诉求形成了社区发展治理近期行动图表。2019年，成都市城乡社区发展治理工作领导小组办公室重点针对社区小微空间和老旧建（构）筑物两类对象开展了"社区微更新"专项行动，推动各区（市）县就220余个项目开展了规划方案设计、评选及实施工作。除此之外，成都各区（市）县也自发开展了社区实施规划的探索工作，如成华区开展的"城视·成画"社区规划设计节、高新区发布的社区总体营造项目及支持计划等。

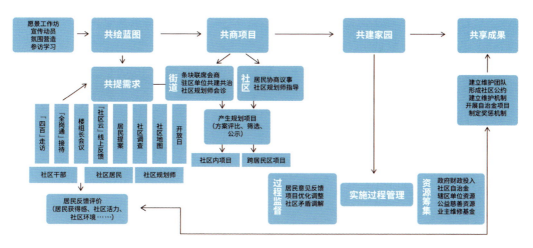

上海市参与式社区规划流程图
（图片来源：上海市参与式社区规划导则，2022）

3

社区发展新趋势
NEW TRENDS IN COMMUNITY DEVELOPMENT

3.1 多元社区

健康社区

"健康城市"与"生活圈"的研究目的具有一定的相似性,均指向城市功能结构的健康性与人们日常生活的幸福感。健康生活圈借鉴健康城市与生活圈的理论,深度关联两者的核心要素,表征为健康的生活方式、宜居的建成环境、融洽的社会交往及良善的邻里治理。健康生活圈的基本特征可以概括为:**健康、安全、高质量的居住环境,稳定、可持续发展的生态环境;互相支撑、便于交流的社会与心理关系;社区安全性、舒适性较高;交往空间适合全龄段使用;共同参与社区管理的良好政策,居民具有认同感、归属感与自豪感;与城市发展协调统一**,符合"健康城市"未来发展的需要。

家庭医生签约服务模式

家庭医生签约服务模式是一种以全科团队为基础的社区卫生服务模式,可以为患者提供专业且有针对性的干预措施,使患者的自我管理能力得到提高,该模式能有效管理高血压患者病情,可以推广应用到其他慢性病管理中。

医院—社区—家庭健康管理模式

医院—社区—家庭健康管理模式是一种结合多学科合作团队共同完成的干预模式,将医院、社区和家庭三方紧密连接起来,为患者提供持续的护理与指导,帮助其有效控制病情,目前在慢性病护理管理中应用广泛。

"互联网+"健康管理模式

"互联网+"是在互联网发展过程中诞生的,也是知识社会创新2.0推动经济社会发展的新形态,互联网与信息化的发展同样为健康管理模式提供了创新的思路。国家对互联网与医疗服务相结合的项目给予高度重视。

绿色社区

绿色社区作为新型社区发展理念，也称为生态社区或可持续社区，是综合社会、经济与自然复合生态系统的，通过维持原有的社区生态系统平衡，实现资源和能源的高效循环利用，节能减排，实现社区和谐、经济高效、生态良性循环的社区。绿色社区即在兴起的生态文明建设背景下，传统社区概念的基础上，强调生态环境与社区环保意识的重要性，这与国家政策和倡导的生态环境可持续发展理念，以及中共十八届五中全会提出的绿色发展理念相符合。绿色社区根据居民日益增长的美好居住环境需求、城市自身发展和绿色社区创建的需求，倡导居民一起参与到环境建设中，改善社区生态环境的同时提高居民的身心健康。利用专业社会工作的介入，对社区内环境进行规划整治，是绿色社区营造的最终目标。

绿色社区建设

智慧社区

各类老旧小区相继启动智慧化改造，新建社区开展智慧化提升。智慧社区不仅是智慧城市建设的重要组成部分，同时还涉及家居、楼宇、安防、物业等多个系统，这就需要协调推进，直击堵点、突破难点，打通"数据孤岛"，实现社区管理"事前及时发现、事中高效处置、事后科学评价"，提升社区管理能力和服务水平，改善人居生态环境。

智慧社区智慧安防	物管服务移动化	社区停车智慧化
支持对社区重点部位、人员等要素进行实时监测，辅助物业有效提升社区安全管控效力。	一键开门 住户审核 物业APP 视频预览 访客登记 报警提示	出入口无人值守：出入口无人值守车辆识别系统。 车位管理智能化：减少车位占用纠纷。 缴费线上化：无须人员在岗亭收缴，缴费线上化。

智慧社区数据服务	智慧社区便民服务	智慧社区养老、医疗服务
信息发布线上化，辅助社区运营：治安预警、社区宣传、文体公告、停水停电通知、广告促销等信息发布统一管理。	包括生活缴费、上门服务、社区订购、行政服务便利等业务，连接用户和生活服务行业，做到足不出户也能办理。	搭建医护管理、养老监护可视化管理系统，实时指导护理人员全面关注老人的健康，实现多层次、立体化的健康养老智慧服务体系。

韧性社区

韧性社区更加契合危机日趋常态化的风险社会需求。构建低风险、适应性强、可持续的韧性社区已成为推动社区治理现代化发展的未来趋势。

基于治理体系现代化的视角,韧性社区建设具有复合性特征,在社区内外因素影响下,社区治理的整体韧性由组织韧性、设施韧性、制度韧性、技术韧性、主体韧性等要素构成。

提升社区自治能力

明确细化社区党委会、居委会、业主委员会等在应急治理中的职责分工与合作机制。政府向有限政府转型,培育和吸纳社会组织力量。

配齐应急物资和基础设施

加快升级改造进程,提高应急设施配置标准。摸清基础设施现状,优化社区应急基础设施空间布局。强化物理环境管理,做好对薄弱点的延伸覆盖。

实现全周期应急治理

树立"以防为主,防控结合"的治理理念。提高应急治理事前预警能力,将常态化风险隐患精细排查、信息报告预警纳入社区日常工作。

打造全周期一站式监测预警平台

以数字通信技术和智能应用为依托,构建覆盖各阶段的全周期智慧化监测预警平台。

3.2 多元共治

智慧社区

党的十九大报告明确提出"加强社区治理体系建设,推动社会治理重心向基层下移,发挥社会组织作用,实现政府治理和社会调节、居民自治良性互动"。

社区行动者:主体的多元性

我国社区协同治理本质上是一种以居委会为中心,包括业委会、物业公司、社会组织、驻区单位等主体在内的转译实践过程,体现为社区治理主体的多元性。

社区治理模式:机制的创新性

通过创新社区治理理念、行为和方式,促使社区治理走向善治,为社区居民提供高质量的公共服务。通过整合社区公共空间,拉近多元主体距离,并连接社会公共空间,从而发挥社会资本作用。

多元共治

3 社区发展新趋势

参与式社区规划的主体和角色定位

主 体	组 成	角 色
政府部门	区相关委办局（民政局、规划局、房管局、绿化市容局等）、街镇	·总体规划和部署，并安排相应的财政资金； ·委办局进行业务指导； ·街镇负责实施推进
基层党组织、基层群众性自治组织	基层党组织、村委会	·深入社区调研，了解居民需求，掌握社情民意； ·搭建社区协商议事平台，组织居民开展参与式社区规划协商讨论； ·整合协调各类社区资源； ·组织动员社区居民； ·协调各类邻避冲突和规划实施中的社区矛盾
社区居民	党员骨干、居民代表、楼组长、"团长"等社区自组织带头人、社区居民等力量	·积极参与社区规划的宣传、讨论、方案选择、建议； ·参与社区规划的全过程监督； ·参与并实施自治项目、社区公约，形成规划后的运营维护机制； ·参与项目评议
社区规划师	主要由具有规划、建筑、景观、室内设计、美术设计等专业背景的人员组成	·参与规划、设计、实施方案的讨论和审查，提出专业意见或建议； ·指导项目落地实施，参与技术沟通与协调，并监督建设质量，提出后期运营维护建议和要求； ·协助街镇进行规划政策理念宣传、经验分享、活动组织等，引导公众参与
社区治理领域组织和人员	业委会、物业服务企业、村集体经济组织、辖区单位、群团组织、社区基金会、社区社会组织、专业社工和具有实务经验的社区工作者等	·业委会和物业公司积极配合基层党组织和居委会； ·辖区单位提供相应的资源支持； ·群团组织、社区社会组织围绕参与式社区规划开展各类活动和自治项目； ·专业社工全程督导，提升社区自治能力

3.3 嵌入式服务

社区嵌入式服务设施建设

国家发展和改革委员会制定并发布了《城市社区嵌入式服务设施建设工程实施方案》，要求科学规划、合理布局，加大资源整合和集约建设力度，多渠道拓展设施建设场地空间，完善社区嵌入式服务设施功能配置，积极推进社会存量资源改造利用，健全可持续的建设运营模式，增加高质量社区服务供给。

① 统筹建设资金渠道。

通过统筹中央预算内投资、地方财政投入、社会力量投入等，积极拓宽资金来源。

② 优化项目审批和服务企业登记备案手续。

设施选址要进行安全评估，允许试点城市放宽或简化设施场地面积要求。完善社区嵌入式服务机构的行业准入政策，简化许可审批办理环节。

③ 加强规划、建设、用地等政策支持。

在城市国土空间总体规划、详细规划、城乡社区服务体系建设中，合理配置社区嵌入式服务设施公共服务用地。

④ 完善社区嵌入式服务设施功能配置。

发挥责任规划师（社区规划师）的沟通桥梁作用，征求居民意见，鼓励居民和各类社会力量参与项目设计，按需精准配置服务功能，打造"幸福邻里"品牌。

⑤ 积极推进社会存量资源改造利用。

加快闲置厂房、仓库、集体房屋、商业设施等资源出租转让，盘活低效、失修、失养的园区、楼宇、学校等资源。支持机关、企事业单位等盘活闲置用地及用房，实现共建共享。

理论篇 / 47
3 社区发展新趋势

社区嵌入式服务

3.4 "一老一小"友好型社区

老年友好型社区概念

老年友好型社区是为社区老年人提供生活、医护、康复、文娱、健身、教育等支持性设施和服务的社区，是使每一位社区老年人在安全、舒适、优美、和谐的社区环境中安度晚年的社区。

老年友好型社区创建特点

重视精神需求。通过成立老年文体团队、建立社区老年教育学习点、支持老年人参与志愿活动、提供心理健康疏导服务等，满足老年人的精神文化需求。

科技助老智慧创新。利用智慧健康养老信息平台，收集老年人需要的信息。帮助老年人学习使用电脑、智能手机等智能产品，缩小老年人群与青年人群之间的"数字鸿沟"。

倡导社会参与。鼓励社区与老年大学和社会组织等合作在社区设立老年教育学习点，积极开展老年人科学普及、生命尊严等方面的教育。

老年友好型社区

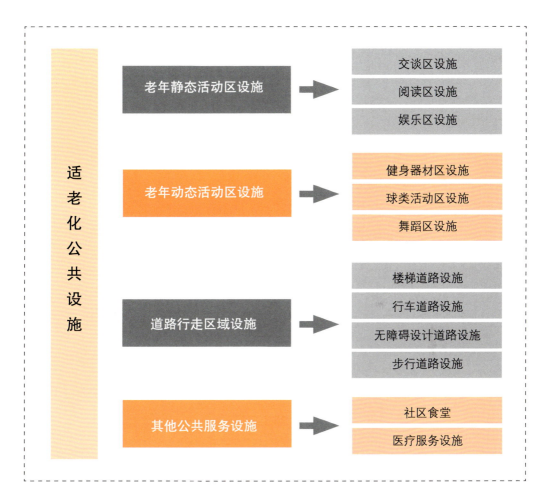

六项创建工作任务

· 改善老年人的居住环境,核心是全面进行适老化改造、维修和配置,降低老年人的生活风险。

· 方便老年人的日常出行,核心是加强老年人住宅公共设施无障碍改造。

· 提升为老年人服务的质量,主要是健康、生活照料。

· 提升老年人的社会参与度,核心是引导和组织老年人参与社区建设和管理活动。

· 丰富老年人的精神文化生活。

· 提高为老服务的科技化水平,核心是为老年人提供方便、智慧、健康的养老服务。

儿童友好型社区概念

儿童友好型社区一般具有以儿童需求为导向、引导儿童参与、儿童活动空间完善、社区共建共享等特征。在空间环境营造上，从户外和室内两类空间场景入手，建设符合儿童需求的活动空间，如户外儿童游戏场地、儿童友好步行路径及室内儿童托管中心等；在社会支持上，要建立儿童权利有保障、儿童高效参与、儿童活动多元的政策、制度及文化体系。

儿童友好型社区营造策略体系构建

构建功能完整的儿童友好型社区。 应从儿童视角出发，保障、提升儿童基本生活，配套、拓展儿童服务，为儿童提供完善便利的服务设施、健康有趣的活动场地及安全舒适的出行路径，健全儿童友好型社区的管理机制、服务支持和文化建设。

塑造尺度适宜的儿童友好型社区。 与5~10分钟生活圈相衔接，在500米左右服务半径范围内满足18岁以下，特别是0~12岁儿童的教育、文化、医疗、体育等日常服务及活动空间需求。

共建弹性规模的儿童友好型社区。 应结合儿童人口规模和实际需求来确定社区服务供给规模，预留好弹性空间。依据儿童人口增长变化情况、儿童年龄结构及儿童人口比例，推动全年龄段儿童友好型社区服务发展。

激活共享模式的儿童友好型社区。 通过社区空间微更新，活化儿童活动空间，在物质层面和精神层面实现社区共治、共建、共享，推动社区空间资源节约、集约利用。将儿童友好理念融入社区的整体发展中，与社区党建工作及现代化社区治理相结合。

3 社区发展新趋势

		规划目标	规划要求	规划内容
	社区空间建设指引	塑造安全舒适、趣味自然的儿童活力空间	规模合理 尺度适宜 功能混合	儿童服务设施 儿童活动场地 儿童出行路径
	社区服务支持引导	构建优质便捷、高效复合的儿童多元服务	系统多元 普惠共享 梯度渐进	儿童服务组织 儿童服务体系
	社区发展环境建设引导	营造有符号、有共识、有归属的儿童友好文化	正向引导 全域普及 地方特色	理念推广 关系营建 文化塑造
	社区制度与社会保障引导	建立保障有力、多元参与的社区创新制度	流程明确 机制完善 儿童参与	制度建设 工作机制 儿童参与 社会保障
	社区适儿特色场景建设引导	打造主题鲜明、有代表性要素的社区特色场景	因地制宜 场景连续	创新品牌场景 智慧治理场景 适儿更新场景

儿童友好型社区规划指引体系
（图片来源：《儿童友好型社区营造策略与规划建设实践研究——以广州市为例》）

提质升级儿童服务设施	专享类设施优化升级 共享类设施适儿化改造	·完善婴幼儿照护设施等基本公共服务设施。 ·拓展社区普惠性学前教育与一体化服务功能。 ·打造功能共享、代际共融的设施及服务空间。
拓展增趣儿童活动场地	户外游憩空间 室内活动空间	·因地制宜打造趣味、全龄化的户外游戏场地。 ·保障儿童游玩安全，休憩空间融合看护功能。 ·构建功能多元、尺度合适的社区室内空间。
共建共营儿童出行路径	道路空间 交通组织 道路设施	·建设安全舒适的社区儿童慢行路径。 ·打造空间融合的社区适儿出行场景。

儿童友好型社区空间建设指引内容
（图片来源：《儿童友好社区营造策略与规划建设实践研究——以广州市为例》，有改动）

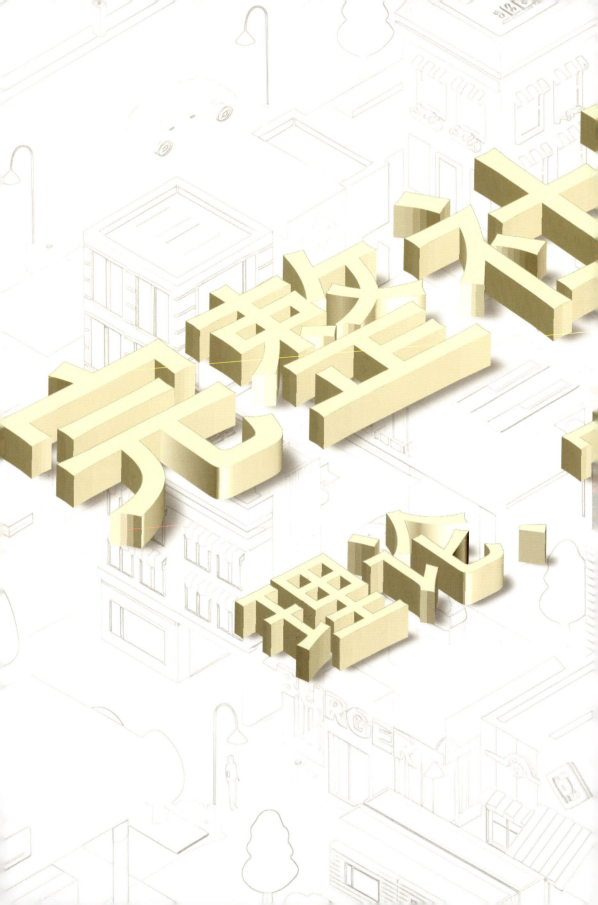

第 **2** 部分

实践篇
THE PRACTICE PART

专项规划
建设规划
实践经验

4

专项规划
SUBJECT PLANNING

4.1 黄石市社区改造提升规划策略研究项目

研究范围

研究范围为黄石港区、西塞山区、下陆区、铁山区四个市辖区行政范围,共115个社区。

研究背景

社区连着千家万户,能够最直接、最敏锐地感知居民对美好生活的诉求。习近平总书记指出,要把社区建设好,把幼有所育、学有所教、劳有所得、病有所医、老有所养、住有所居、弱有所扶等目标实现好。

6个社区现已达标,现状完整社区达标率为5.5%。

38个社区缺少1~2项建设内容,主要缺少的设施为托儿所。

59个社区缺少3~5项建设内容,主要缺少设施为托儿所、老年服务站与社区卫生服务站。

12个社区缺少5项以上建设内容,主要分布在下陆区、铁山区的乡村社区或沿山而建的城市社区。

特征与问题

通过对黄石市 115 个城市社区的人口密度、年龄结构、配套设施、土地要素、风貌特色等方面进行分析,总结出了社区面积差异大、人口结构不合理、设施配套有短板、土地要素不充分、社区特色不明显 5 个方面的问题。

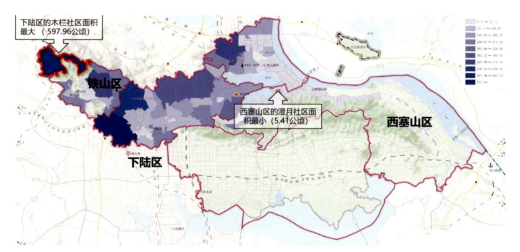

各社区面积大小示意图

社区人口密度分布层次图

研究框架

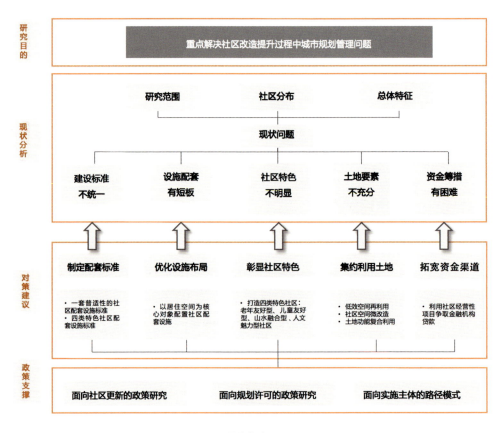

研究框架

对策与建议

具有黄石特色的社区设施配套标准：构建"1+4"社区改造提升标准体系

结合黄石市实际情况，按照"聚焦便民服务、突显黄石特色"的总体思路，建立"1+4"社区体检评价指标体系，"1"即19项普适性配建标准，"4"即老年友好、儿童友好、山水融合、人文魅力4种黄石特色社区评价指标。

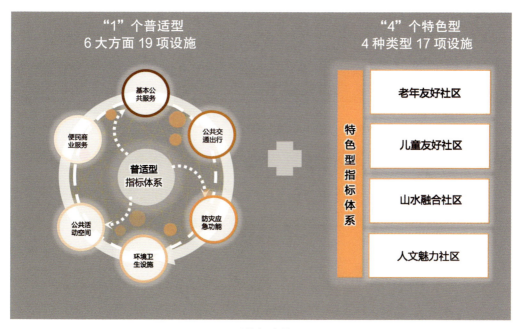

对策与建议

以居住空间为核心配置社区配套设施

社区配套设施改造提升的核心服务对象是城市居民，社区的配套设施应重点关注人的需求。因此，项目组提出以居住空间为核心配置社区配套设施，通过分析各项设施对社区居住用地的覆盖率，来统筹完善社区配套设施。

万达社区内无幼儿园，不符合完整社区的要求，但其周边幼儿园较为密集，万达社区内的居住用地均在幼儿园500米覆盖半径内，因此，无须再新增幼儿园。

万达社区幼儿园分布

锁前社区内现状有一处幼儿园，位于大广高速北侧，符合完整社区的要求，但其社区范围较大，幼儿园位置偏远，社区内大部分居住用地均不在幼儿园500米覆盖半径内，因此需要再新增2~3个幼儿园。

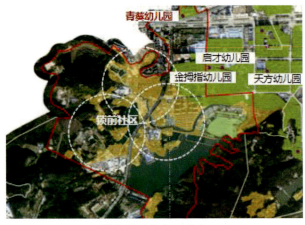

锁前社区幼儿园分布

创新挖潜，提升社区土地利用效率

针对建设空间饱和、土地资源相对不足的问题，项目组从低效空间再利用、社区空间微改造、土地功能复合利用三个方面提出解决思路和方向，为黄石市城市社区完善配套设施提供解决途径。

土地集约利用策略

低效空间再利用	城市空间微改造	土地功能复合利用
对于有闲置厂房、闲置空地、老旧建筑的社区，通过城市更新，促进低效土地资源再利用，完善社区配套服务设施。	对于土地资源十分紧缺的社区，通过城市公共空间的微改造，创新微空间规划设计方式，提高城市公共空间的使用效率。	对于具有一定增量空间的社区，提倡土地功能复合利用，从而提高土地利用效率，节约土地资源。

| 适用于有闲置厂房、闲置空地的社区 | 适用于土地资源十分紧缺的社区 | 适用于有增量空间的社区 |

土地集约利用策略

创新和特色

彰显地域特色，量身打造四类特色社区

通过对黄石市地域特色的深入研究，强化社区特色场景营造，因地制宜地为各类社区配置特色服务设施，如老年食堂、儿童游乐场地、社区口袋公园、文化礼堂等，体现社区的人文关怀。

塑造特色主题	强化特色场景	配置特色服务设施
01 打造老年友好型社区	围绕改善老年人居住环境、方便老年人日常出行、提升老年人服务质量、提升老年人社会参与度、丰富老年人精神文化生活、提高为老服务科技计划水平及管理保障等方面，打造老年友好型社区。	无障碍设施 + 居家养老服务设施 + 老年食堂 + 住宅适老化改造
02 打造儿童友好型社区	从建设完善、便利的儿童服务设施，配置有特色趣味的儿童活动场地，构建安全连续的儿童出行路径三个方面，打造富有特色的儿童友好型社区，营造充满童趣的儿童友好型社区氛围。	儿童游乐场地 + 儿童体育运动场地 + 四点半学校 + 儿童图书室 + 儿童之家
03 打造山水融合型社区	遵循绿色生态理念，以现代的设计语言演绎山水生态社区。推窗见景，出门入园，家门口的绿意浓荫、清澈水域，让社区融入大自然，打造低建筑密度与高绿地率的生态宜居型社区。	社区口袋公园 + 生态绿道 + 绿色建筑 + 新能源
04 打造人文魅力型社区	具备工业、人文等历史文化底蕴，兼顾包容性和多元性的人文魅力社区，具有丰富多彩的艺术文化活动和文化景观。通过历史文化资源的活化利用，深度挖掘社区文化特色，彰显独特的文化魅力。	文化礼堂 + 共享书吧 + 文化展厅 + 文化学堂

四类特色社区场景与服务设施示例

创新空间利用，有效解决用地不足困境

提出"嵌入式公共空间设计""社区盒子""社区综合体"等社区空间微改造的技术方法。

嵌入设计平面图

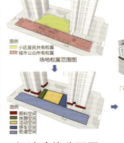

场地功能分区图

整体设计效果图

4.2 大冶市完整社区建设规划

规划范围

以大冶市国土空间总体规划中居住空间集中区域为基础，共计 58 个社区 / 行政村作为规划范围，面积约 50.35 平方千米。其中社区总面积为 42.98 平方千米，常住总人口约 42.55 万人。

完整社区规划范围图
（图片来源：大冶市完整社区建设规划，2023）

片区短板

基本公共服务设施：老旧社区建设缺口较大，针对"一老一小"的服务设施普遍较少。

便民商业服务设施：空间分布不均衡，不同类型设施配置差异较大。

市政配套基础设施：老旧社区改造更新亟待推进，停车及充电设施有待加强。

公共活动空间：老旧社区普遍缺乏公共活动场地，较多社区缺少公共绿地。

物业管理全覆盖：专业化的物业服务普遍缺少，物业管理水平整体相对滞后。

社区管理机制：综合管理服务基本到位，社区文化活动较多但特色不显著。

规划思路及成果

基于规划思路提出了"1+3+1"的规划成果体系。

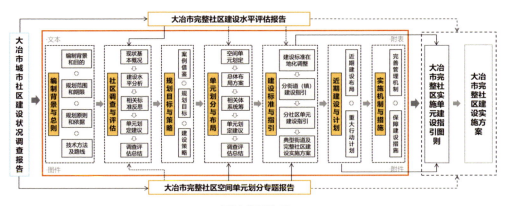

规划成果体系
（图片来源：大冶市完整社区建设规划，2023）

现有成果包括一份现状调查报告，两份专题研究报告（《大冶市完整社区建设水平评估报告》和《大冶市完整社区单元划分专题报告》）；还包括两张规划图，分别是大冶市"15分钟生活圈"划示图和大冶市完整社区空间单元划定图。

成果展示
（图片来源：大冶市完整社区建设规划，2023）

实践篇 / 65
4 专项规划

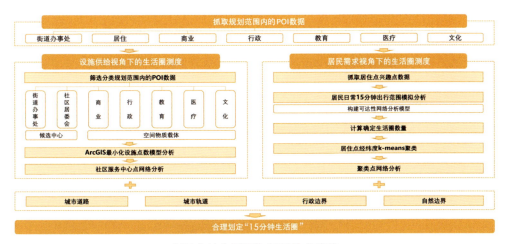

"15分钟生活圈"划示技术路线
（图片来源：大冶市完整社区建设规划，2023）

完整社区空间单元划定技术路线
（图片来源：大冶市完整社区建设规划，2023）

单元划分与布局

在规划范围内划示出 18 个"15 分钟生活圈",生活圈人口规模普遍在 5.58 万~10.84 万人,步行范围在 1.28~3.00 平方千米。

将大冶市 58 个社区归类为 46 个完整社区单元,其中 28 个完整社区单元为原社区独立建设,其余 30 个社区根据设施、人口及区位等原则共建形成 18 个完整社区单元。

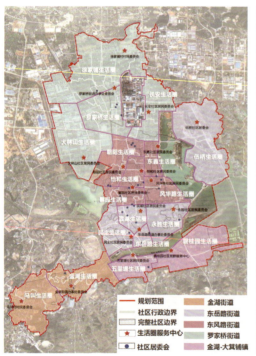

"15 分钟生活圈"划示结果
(图片来源:大冶市完整社区建设规划,2023)

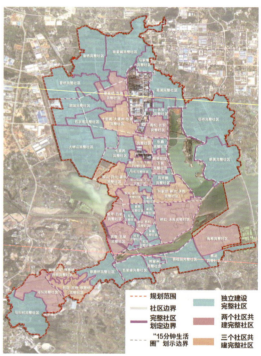

完整社区空间单元划定结果
(图片来源:大冶市完整社区建设规划,2023)

规划以单个社区独立建设的完整社区（28个）

以单个社区独立建设的完整社区主要为城区中心的老旧社区与外围圈层的村庄社区和新建社区。

老旧社区以疏人口、补齐设施为建设重点，注重设施的配套、管理的配套、治理的加强等；外围圈层的村庄社区和新建社区空闲地面积大、建设潜力足，以聚人口、健全设施为建设重点。

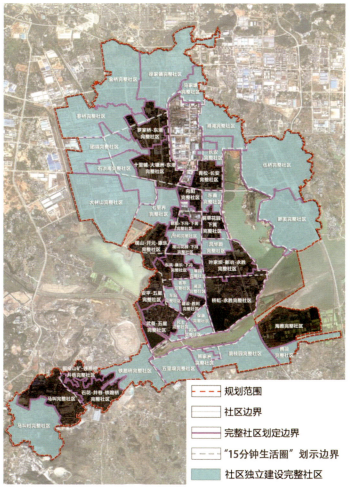

单个完整社区划定
（图片来源：大冶市完整社区建设规划，2023）

规划以多个社区共建的完整社区（18个）

以多个社区共建的完整社区主要位于城区中心及中间圈层。在此类社区中，供给不足的社区缺乏空闲地，需要2~3个社区通过共建、共盘存量地，共建、共享相关设施；需求不足的社区缺乏人口，需要2~3个社区通过共建聚人口，从而达到完整社区的人口需要，使设施供给与群众需求达到平衡。部分社区的飞地可与其所在空间或邻近的社区共建形成完整社区，保留原有的行政管辖权，实现空间与设施共建、共享。

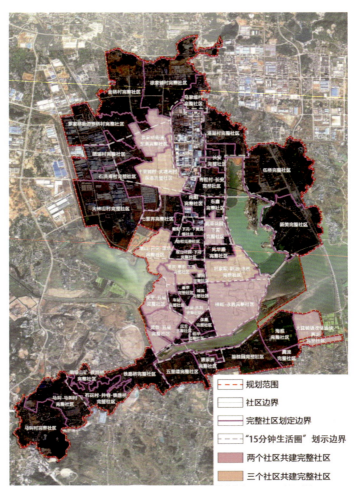

多个社区共建的完整社区
（图片来源：大冶市完整社区建设规划，2023）

典型社区建设实施方案

单位型老旧社区：馨园社区基本保持现状人口规模，即 2070 户，12032 人。增设 2 个老年服务站、1 所托儿所及 1 所幼儿园；增设公共活动场地以及公共绿地；对部分围墙进行拆除，打通内部道路；增设停车位及充电设施；铺设给排水管道，接入市政管网；引入专业化物业服务，建设物业管理服务平台。该社区提出建设实施 14 个重点项目。

馨园社区规划图
（图片来源：大冶市完整社区建设规划，2023）

传统型老旧社区： 荟萃社区基本保持现状人口规模，即3540户，9774人。增设1个社区卫生服务站；增设公共活动场地及公共绿地；水务集团地块规划建设小型运动场地，拖车厂地块新建1所托儿所及1所幼儿园；打通多处消防通道；引入专业化物业服务，依据主要道路重新划分片区；私房主要为居民自治，社区进行网格化管理。该社区提出建设实施9个重点项目。

荟萃社区规划图
（图片来源：大冶市完整社区建设规划，2023）

商品型新建社区：东鑫社区基本保持现状人口规模，即 3485 户，12218 人。增设 1 个社区卫生服务站，提升改造社区老年服务站，新建 1 所 10 班幼儿园；推行生活垃圾分类并增设 1 个垃圾收集站；建议对毗邻的下黄社区私房区域进行整体拆迁并就地还建，按照完整社区建设标准，在还建小区内增设相应公共服务设施以及市政设施。该社区提出建设实施 9 个重点项目。

东鑫社区规划图
（图片来源：大冶市完整社区建设规划，2023）

社区实施单元建设指引图则

基本公共服务设施：近期新增2所托儿所，并配置1个老年服务站；远期新建1个社区综合服务中心。

便民商业服务设施：在商业综合体底层新增1个银行网点。

市政配套基础设施：近期改造物业服务中心并完善无障碍系统，同时新建2个公厕；远期利用部分绿化增设停车位。

公共活动空间：在场地内增设健身器材和休闲座椅，并结合大冶湖，提升北侧带状绿地品质，设置部分运动场地。

物业管理全覆盖：继续保持现有水平。

社区管理机制：加快推行城市管理"1+4+N"的综合管理模式。

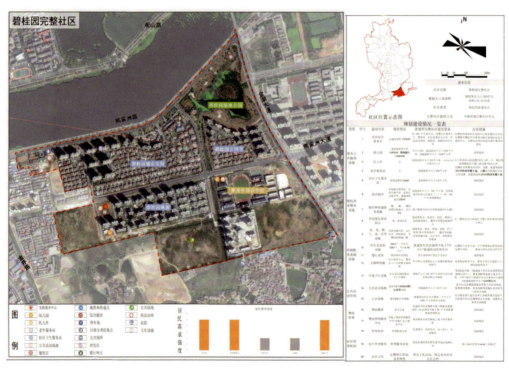

碧桂园社区规划图
（图片来源：大冶市完整社区建设规划，2023）

4.3 湖北老旧小区改造"当阳模式"——社区生活圈品质提升规划研究

"15分钟生活圈"

即在15分钟步行可达范围内,配备生活所需的基本服务功能与公共活动空间,形成安全、友好、舒适的社会基本生活平台。

"15分钟生活圈"

总体愿景

落实当阳市"跻身全国百强县市，入选全国文明城市"的目标，营建结构清晰、业态齐备、宜居乐业、多方缔造的宜居、宜业、宜游、宜学、宜养"五宜"型高品质生活服务圈。

宜游
完善社区间通行能力，使居民能够更加方便地到达当阳的旅游景点。同时在社区设立公园、小游园等文娱设施。

宜居
让当阳市成为社会安全、文明进步、生活舒适、经济和谐、美誉度高的城市。
日常购物等便民商业设施便捷，文化活动设施类型多样，城市环境卫生干净整洁。

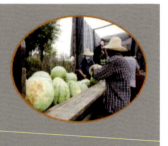

宜业
让当阳市具有较高的人文、经济、生态等特征，职住比例更加合理、工作岗位更加充足、出行更加便捷、购物更加方便。

宜学
让幼儿园、小学、中学充分覆盖。家长不用担心孩子的出行安全、教育质量，让孩子在阳光下健康成长。

宜养
医疗设施、养老设施齐全，社区居民拥有健康的生活环境。
社区内环境优美、空气清新，是康养圣地。

当阳市"五宜"

教育篇

学有所教的终身教育

满足各年龄层受教育需求，优先按照标准补齐各类学龄儿童的义务教育设施。

现状特征与问题

- 教育体系基本健全。
- 现状教育设施分布与现状人口、用地大体契合。
- 老城核心区基本实现服务半径全覆盖，周边区域局部用地不在服务范围内。
- 学位供给总体满足需求，实验小学、北门小学等学校班均学生数较多，周边镇、街学校存在空置现象。
- 东门小学、太子桥小学等学校生均用地不达标。

发展趋势

城市功能完善
依托老城区，主导向西、向南发展，高铁新区成为未来新建居住区的重要载体。

发展需求导向

宏观发展导向：
教育发展逐渐普及化、优质化、公平化、多元化。

城市发展趋势：
受扩容提质及城市发展的影响，总体学位需求剧增。

人口发展方向：
幼儿园、小学教育需求增长快，中学教育需求平稳上升，高中需求相对稳定。

近期
加快完善学前教育
小学教育设施完善

远期
加强教育的均衡发展
和办学模式的多样化

教育规划

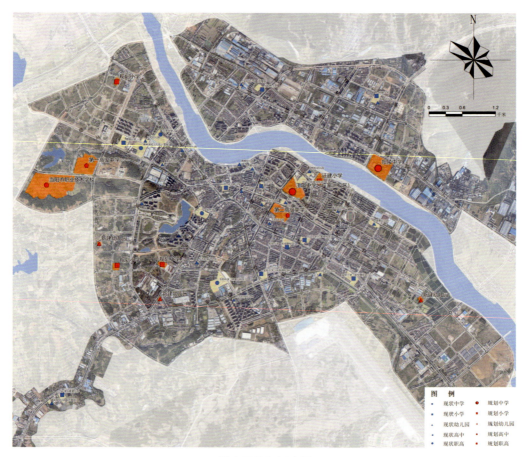

教育设施规划布局

医疗篇

病有所医的医疗体系

形成覆盖全域的 15 分钟急救圈,形成 "市级指挥中心 + 各大型医院 + 街道卫生院 + 社区医疗中心"的一体化的全域医疗体系。

现状特征与问题

市级医院覆盖率较高,中心城区基本覆盖,除城西、金桥工业园存在盲区外,基本全覆盖。

街道级卫生服务中心覆盖率较低。

城边地区医疗设施未覆盖,要加强建设与管理。

目标

构建当阳市15分钟急救圈

- 到2025年,全市每千常住人口市级医疗卫生机构(含妇幼保健院)床位数达到5.5张,2035年,每千常住人口市级医疗卫生机构床位数达到7张。
- 现状市级医疗床位数为1879张,预计到2025年需要医疗床位数2376张,2035年需要2996张。

构建当阳市15分钟防疫圈

- 统筹考虑增加针对突发公共卫生事件的应急设施,包括护理设施(紧急、长期和备用护理)、抗病毒药物供应点、含独立浴室的备用隔离空间等,构建城市公共健康单元。

近期:整合、优化现有医疗资源,新建医疗康养中心

远期:加快城西医疗急救中心建设,打造覆盖全域的医疗服务体系

医疗规划

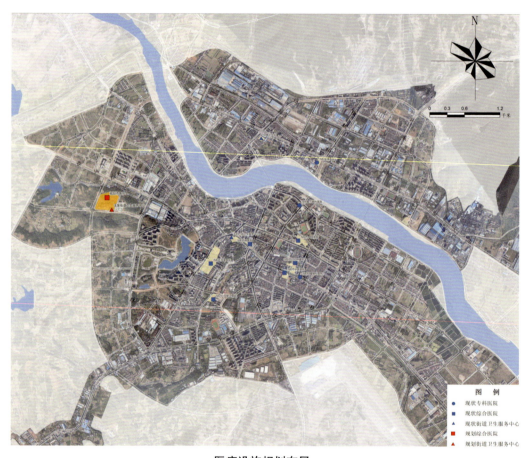

医疗设施规划布局

养老篇

老有所养的保障体系

养老设施逐渐体系化、标准化、普及化、多元化、公平化。新建综合为老服务设施，搭建社区居家养老服务体系。

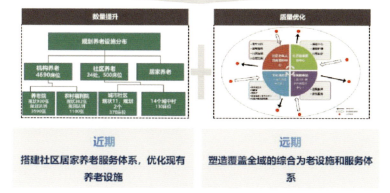

养老规划

养老设施规划布局

休闲篇

居有所享的文化设施

提供覆盖不同人群需求的社区服务内容,包括功能齐全的市级文化设施、康乐多样的社区文化设施等内容。

文化设施规划

闲有所乐的体育设施

构建多样化、无所不在的健身休闲空间，覆盖从儿童到老人各个年龄阶段，满足从基础健身到专业训练等各类全民健身需求。

现状特征与问题

市级体育设施数量少，覆盖率低，城西及市中心部分地区（太子桥、子龙路）均未覆盖。

公园绿地覆盖率较高，但城区边缘社区未覆盖到。

未实现"300米见绿，500米见园"的目标，现状绿地的数量和质量均有待提升。

规划目标

人均体育用地面积达到2.6平方米。

通过新建、改造等多种方式重点完善社区、居民小区体育设施，逐步形成"城市10分钟体育圈"。

远景人均绿地面积达到18平方米以上。

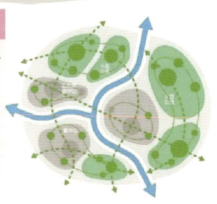

近期
新建、改建临沮公园、关公文化主题公园等公园绿地，提供更多的游玩场所

远期
构建覆盖全域的绿地系统

体育设施规划

实践篇 /83
4 专项规划

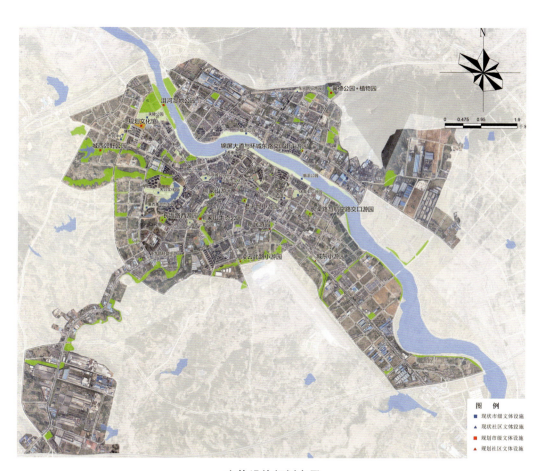

文体设施规划布局

社区发展篇

熊家山社区

现状问题：在文体类设施方面，公园绿地等游憩设施覆盖面小；在商业类设施方面，现状生鲜超市、农贸市场覆盖率略低；在交通类设施方面，停车设施未能满足要求，缺电动汽车充电桩。

社区诉求：解决缺少公共开放活动空间、停车设施较少、老旧小区排水难的问题。

规划内容：新增熊家山游园等公园设施面积，共 113151.84 平方米；增加 1 个生鲜超市；新增 1 个公厕；增加 1 个停车场、2 个中型充电桩、3 个小型充电桩。

熊家山社区平面图

东门楼社区

现状问题：在交通类设施方面，停车空间较少，现状无充电桩；在养老类设施方面，老年日间照料中心床位数、服务覆盖面少；在文体设施方面，现状公园绿地覆盖范围小。

社区诉求：解决停车场地少，缺少老年服务站、排水等基础设施的问题。

规划内容：新增2处大型停车场、7处路侧停车场；规划新增2个中型电动汽车充电桩，新增8个小型电动汽车充电桩；新增2个小型公园绿地，面积约为14226.47平方米。

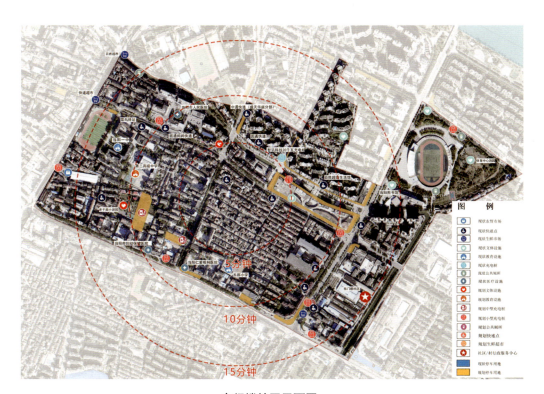

东门楼社区平面图

付家岗社区

现状问题：在交通类设施方面，现状停车场和电动汽车充电桩不能满足需求；在养老类设施方面，老年日间照料中心床位数、服务覆盖面少；在文体设施方面，现状公园绿地覆盖范围小。

社区诉求：解决基础设施建设有待强化、停车场地少、社区权责不对等问题。

规划内容：新增3处路侧停车设施、1个中型电动汽车充电桩、4个小型电动汽车充电桩；结合东群村、三里岗村行政服务中心，完善老年日间照料功能；新增3个公园绿地，面积共为1842.52平方米。

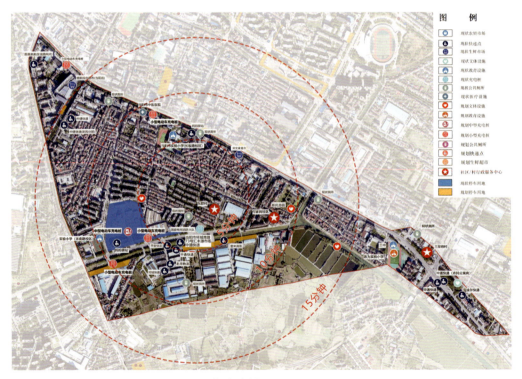

付家岗社区平面图

广家洲社区

现状问题：在交通类设施方面，停车设施不够规范，现状有 1 处充电桩，充电桩数量不足；在养老类设施方面，老年日间照料中心床位数、服务覆盖面少；小学教育教学压力大，教学空间相对不足。

社区诉求：医疗保障设施需改善，老旧小区卫生情况需要改善，区停车问题需要解决。

规划内容：增加 1 处停车场、5 处路侧停车位、2 个中型充电桩、3 个小型充电桩；结合北门村行政服务中心，增加老年日间照料服务功能（合并设置）；将玉阳中学改建为小学，二中改为初中，持续优化教学环境；增加 1 个小型公园绿地，面积为 1842.52 平方米。

广家洲社区平面图

南门垱社区

现状问题：在教育类设施方面，现状小学空间覆盖率较低，小学就读便捷性较差；在商业类设施方面，现状快递站较少，邮寄快递缺乏便捷性和规范性；公园绿地较少，游憩空间较少。

社区诉求： 解决缺少公共开放活动空间、新增快递站等便民设施、排水设施未接入市政管网的问题。

规划内容：新增1个规划小学；在环城南路附近新增1个快递站，提升快递设施覆盖率；新增2个公园绿地，面积为20130.32平方米；规划新增1个中型充电桩、1个小型充电桩、1个公厕，提高设施水平。

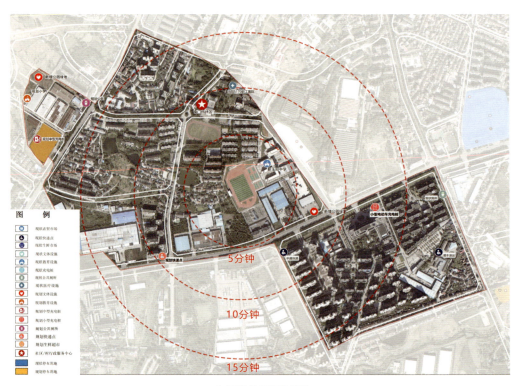

南门垱社区平面图

子龙路社区

现状问题：各类设施分布较为齐全，生活便捷性高。

社区诉求：旧房危房急需改造或拆迁，老年活动中心有待扩大，需要增加公共活动空间。

规划内容：在现状设施的基础上提升服务品质；规划新增3处路侧停车设施、3个小型电动汽车充电桩；新增1个公园绿地，面积为4417.99平方米。

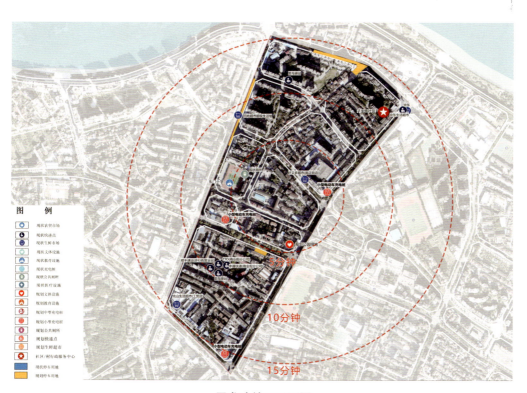

子龙路社区平面图

香榭里社区

现状问题:各类设施分布较为齐全,生活便捷性高。

社区诉求:社区内设施较为现代化,各项基础设施建设需要保持和加强。在优化生活设施的同时,进一步优化滨河景观。

规划内容:在现状设施的基础上提升服务品质;据建设条件适当延伸临沮公园长度。

香榭里社区平面图

娘娘庙社区

现状问题：在教育类设施方面，片区内高中、小学就读便捷性较低；在交通类设施方面，停车空间较少，无充电桩。

社区诉求：解决公共休息空间有待优化、停车空间不足、社区专业化管理能力不强等问题。

规划内容：结合一中西迁、城西小学建设，提升教育条件；新增1个停车场、2个中型电动汽车充电桩、1个小型电动汽车充电桩；规划新增关陵遗址公园等公园设施，面积为516708.57平方米。

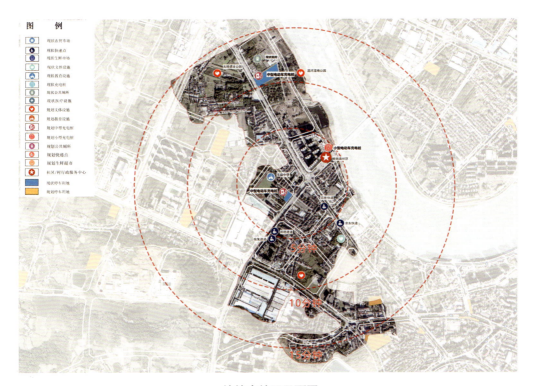

娘娘庙社区平面图

太子桥社区

现状问题：在交通类设施方面，停车设施未能满足居民需求，无充电桩；公园绿地偏少，不能满足居民的高品质生活需求。

社区诉求：解决缺乏充电桩及集中停放电动车场地的问题；管网线路需要梳理，实现现代化；老旧小区下水道堵塞，消防设施需要加强建设。

规划内容：改建、新增2个停车场、1处路侧停车设施、4个中型电动汽车充电桩、1个小型电动汽车充电桩；新建公园绿地面积为74546.65平方米。

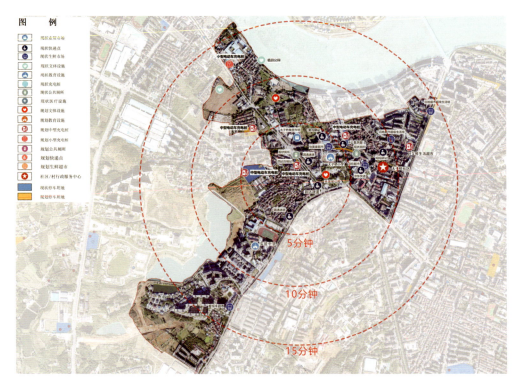

太子桥社区平面图

坝陵桥社区

现状问题：在教育类设施方面，片区内无中学，初中需跨河就读；在交通类设施方面，停车空间较少，无充电桩；在商业类设施方面，快递站较少，邮寄快递便捷性有待提高；在养老类设施方面，老年日间照料中心床位数、服务覆盖面少。

社区诉求：体育公共设施有待建设，物业管理能力和水平有待继续提升，居民共同参与机制有待深化。

规划内容：将坝陵中学搬迁至职业技术学校处，持续优化中学办学环境；南北两侧分别新增1个快递站，提升快递设施覆盖率；新增1个停车场、2处路侧停车设施、2个中型电动汽车充电桩、6个小型电动汽车充电桩；结合坝陵村委会扩充老年日间照料服务功能（合并设置）；新增翼德公园等公园设施，面积为174677.58平方米。

坝陵桥社区平面图

锦屏山社区

现状问题：在交通类设施方面，停车空间较少，无充电桩；公园绿地集中于南部，均衡性不够，休闲空间少。

社区诉求：下水道管网问题有待解决；医疗、养老设施需扩大规模；教育、生活设施满足基本要求，未来需要持续提升社区品质。

规划内容：改建、新增1个停车场、2处路侧停车设施，增加1个中型电动汽车充电桩、4个小型电动汽车充电桩；增加2处公园绿地，面积共97483.77平方米。

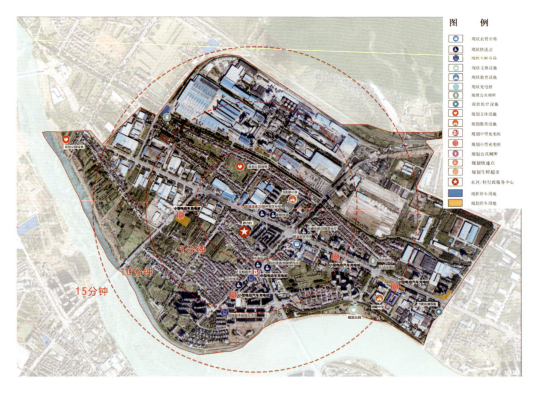

锦屏山社区平面图

4.4 黄石市西塞山区完整社区建设规划

概况

以西塞山区居住空间集中区域为基础，共计31个社区作为规划范围，面积约12.46平方千米，常住总人口约26.99万人。

西塞山区的常住人口集中在商业中心区、老职工社区和大规模商品小区。西塞山区的历史文化资源丰富，建设有湖北省第一条铁路，清朝及民国时期的历史文物遗存丰富。工业生产基础扎实，有3家百年大企业：湖北新冶钢有限公司、源华煤矿（已停产）、华新水泥股份有限公司。生态山水基底优越，有中窑江滩公园、陈家湾广场和带状公园、飞云公园、澄月岛、磁湖半岛等主要绿地。

片区短板

1. 完整社区建设情况

完整社区达标情况较差：仅磁湖社区达到完整社区标准，马家嘴社区和上窑社区缺少的设施较多。

完整社区主要欠缺的设施类型：托儿所、老年服务站、幼儿园和环境卫生设施。

社区存量空间：老旧工业园区、闲置厂房、建筑和闲置空地。

2. 问题总结

工业乡愁底蕴深厚，但未形成城市品牌；精神文化遗存遍布，但未进行系统梳理；完整社区建设试点，但仍存在弱项短板；低效闲置空间众多，但未成为有效资产。

黄石市西塞山区平面图

规划思路

以"三导六定"为总路线

按照"问题导向、目标导向、实施导向"的"三导向"基本思路，拟定"定路线、定布局、定标准、定图则、定计划、定机制"的"六定"规划思路，理顺西塞山区完整社区规划建设管理工作路径。

基于问题导向	基于目标导向	基于实施导向
"定文化路线"与"定布局方案"	"定建设标准"与"定指引图则"	"定行动计划"与"定保障机制"
全面调查西塞山区现状社区人口分布、设施状况及工业乡愁资源特色等建设现状，系统评估**文化建设现状、社区需求及完整社区建设水平**。从资源分布、人口分布及功能结构出发，与社区居委会服务范围相对接，提出**工业乡愁展示路线和完整社区空间总体布局方案**，为西塞山区完整社区建设奠定基础。	按照《完整居住社区建设标准(试行)》，结合西塞山区**现状社区社会经济条件、物质空间环境等**地方实际，制订西塞山区完整社区设施建设标准。**依据文化展示路线制定不同类型完整社区建设指引图则**，并对社区物质空间硬件和社会服务软件建设方面提出详细规划及实施方案等层面的建议。	在综合评估的基础上，**按照先急后缓、分步实施原则**，提出西塞山区完整社区建设行动计划。统筹安排符合条件完整社区的建设时序，科学制订近期建设项目库。

"三导向"基本思路

建设路径

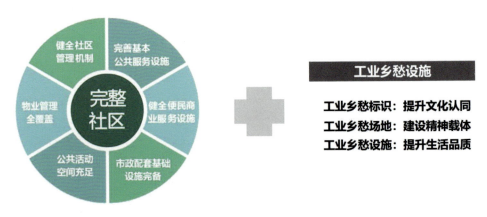

建设以"6+1"为载体的完整社区

底线保障

完整社区建设类型

共享完整社区：建议不按照完整社区建设标准配齐设施，与周边社区共享设施的社区。

示范完整社区：符合完整社区建设标准的社区。

达标完整社区：分步建设，逐步达标的社区。

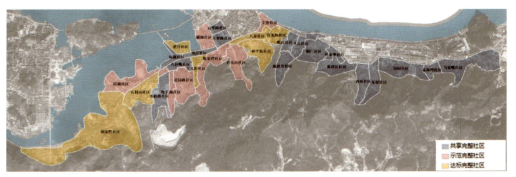

完整社区建设情况

建设以"6+1"为载体的完整社区——完善六类基础指标

目标	序号	建设内容
基本公共服务设施完善	1	一个社区综合服务站
	2	一个幼儿园
	3	一个托儿所
	4	一个老年服务站
	5	一个社区卫生服务站
便民商业服务设施健全	6	一个综合超市
	7	快递末端综合服务点
	8	便民商业网点

续表

目标	序号	建设内容
市政配套基础设施完备	9	基础设施
	10	停车及充电设施
	11	慢行系统
	12	无障碍设施
	13	环境卫生设施
公共活动空间充足	14	公共活动场地
	15	公共绿地
物业管理全覆盖	16	物业服务
	17	物业管理服务平台
社区管理机制健全	18	管理机制
	19	综合管理服务
	20	社区文化

☐ 需要完善幼儿园的社区

	目标	建设内容
六类基础指标	基本公共服务设施完善	一个社区综合服务站
		一个幼儿园
		一个托儿所
		一个老年服务站
		一个社区卫生服务站

幼儿园建设布局

在31个社区中，没有幼儿园的社区有11个 (**陈家湾社区、大智路社区、南岸社区、桐厂社区、和平街社区、西屏社区、叶家塘社区、牧羊湖社区、八卦嘴社区、马家嘴社区、田园社区**)。
考虑到社区老龄化率高的现状，结合社区实地走访调查，这11个社区均不需要设置幼儿园。

对照标准后需要建设幼儿园的社区

品质提升

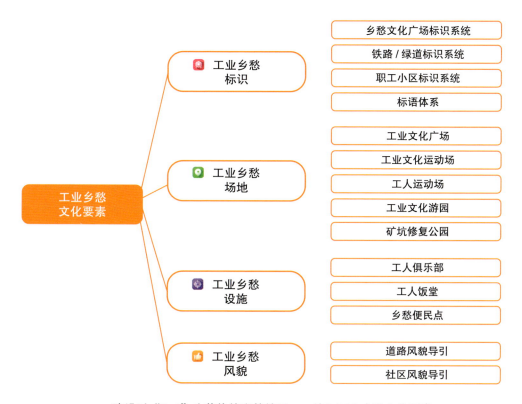

建设以"6+1"为载体的完整社区——植入工业乡愁文化要素

特色塑造

工业乡愁资源的创新性经营——生活体验

工业乡愁资源的创新性经营——文化体验

4 专项规划

"钢之城"支线

依托真实的职工生活区，挖掘工人范儿的休闲、商业市集、美食等特色生活体验。

百年煤矿支线

以毛主席雕像、百年矿井为载体，充分利用矿井、江滩、锯木厂，建设百年采矿主题游览带，推动片区城市更新工作。

百年商埠支线

复原八泉街、和平街历史风貌，保留百年铁路遗址，优化油铺湾纪念馆广场布局，提升财富广场功能，整体打造商埠文化街。

百年华新支线

依托百年华新工业遗存，建设可进入、可亲近的工业文化主题文创街区；在飞蛾山华新文化公园方向建设工业主题绿道。

工人新居支线

在职工小区集中区域开展多种主题的城市更新工作，展示"光灰"面貌蜕变为舒朗生机的城市环境历程，展现生态文明时代工业城市的人文关怀。

山水园林新城支线

将工业文化要素植入开放空间，焕发文化生机，塑造具有独特魅力的城市新生代引力场，以水为媒，向外展示西塞山蝶变风景线。

文化精神场域的脉络化重塑——"六线"呈"六景"

建立工业文化特色慢行系统

一环串五区，山路城巷纵相通；绿道分两级，游乐健体两不误。

慢行系统主题包括宜居创新城主题绿道、印象石灰窑主题绿道、辉煌矿冶城主题绿道。

宜居创新城主题绿道	印象石灰窑主题绿道	辉煌矿冶城主题绿道
植入工业艺术小品、火车头、休闲驿站等元素，展现工业城市低碳转型风貌。	植入时间标识、文化浮雕、商人雕塑、文化井盖、文化导览牌等元素，展现商埠文化。	植入工人雕塑、工人生活墙画、工人小区标识等元素，展现工人精神。

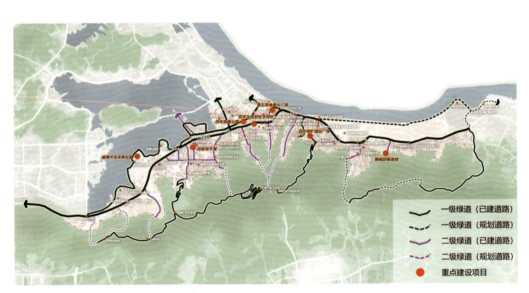

慢行系统建设

5

建设规划
CONSTRUCTION PLAN

5.1 湖北省住建小区完整社区规划

概况

项目位于武汉市武昌区主城区的核心地带，距离区政府所在地 1.1 千米，武昌站 2 千米，周边配套设施充足，交通便利，地块优势明显。

现状为老旧小区密集混杂区域，亟待更新改造。

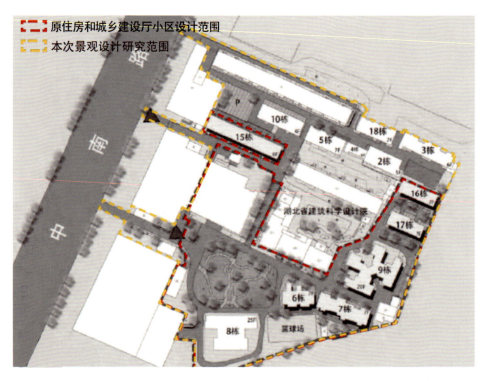

设计研究范围
（图片来源：湖北省住房和城乡建设厅大院景观改造设计，2023）

现状问题

1. 停车难，行车难；

2. 缺少遮风挡雨的廊架；

3. 已有运动器械利用率不高，居民希望有个双杠器械，拉杆器械非常受欢迎，居民还希望改造地面；

4. 缺少足够的坐着聚会闲谈的空间，所以居民自发拿座椅聚集；

5. 需要球场，居民会组织球赛；

6. 儿童活动器械老旧，已经不受欢迎，社区缺乏儿童活动空间；

7. 人车混行，居民走路要十分小心。

缺少停车位

人车混行

问卷调查

调查结果与社区环境有关的问题：

1. 希望小区封闭管理；

2. 增加物业管理——很多调查表反映没有物业管理；

3. 增加活动空间——儿童活动区、棋牌活动、小型广场、健身设施、绿化游园；

4. 规范管理停车位；

5. 拆除违章建筑。

调查问卷

106 / **完整社区** 理论、实践与新探索
PLANNING FOR INTEGRATED COMMUNITY IN
THEORY, PRACTICE AND NEW EXPLORATION

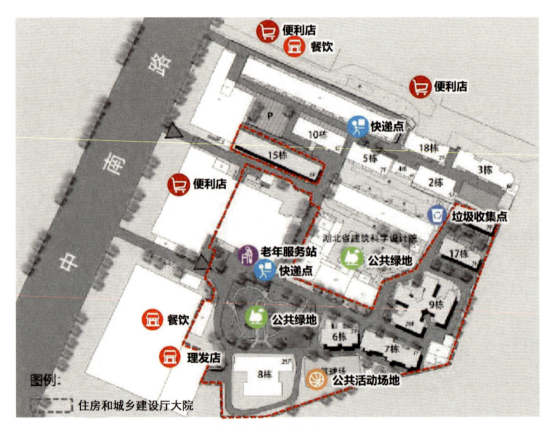

社区公共服务设施分布
（图片来源：湖北省住房和城乡建设厅大院景观改造设计，2023）

对照完整社区建设标准查漏补缺

目标	序号	建设内容	建设情况	是否满足需求
基本公共服务设施完善	1	一个社区综合服务站	无	距离下徐家湾社区服务中心步行800米
	2	一个幼儿园	无	周边幼儿园可满足居民需求
	3	一个托儿所	无	周边托儿所仅满足20%~30%居民的需求
	4	一个老年服务站	有	能满足居民的使用需求
	5	一个社区卫生服务站	无	周边诊所、医院能达到社区全覆盖水平，满足所有居民需求
便民商业服务设施健全	6	一个综合超市	无	周边超市能满足居民的需求
	7	多个邮件和快件寄递服务设施	有	能满足居民使用需求
	8	其他便民商业网点	有	能满足居民使用需求
市政配套基础设施完备	9	水、电、路、气、热	有	仅新南方小区部分楼栋仍未实现一户一表，部分小区线缆整治仍未完成
	10	停车及充电设施	不完善	仍存在较大缺口
	11	慢行系统	无	仍存在人车混行情况
	12	无障碍设施	有	已安装5部电梯
	13	环境卫生设施	有	已完成老旧小区改造的社区环境卫生状况良好
公共活动空间充足	14	公共活动场地	有	挖掘存量空间建设了公共场地
	15	公共绿地	有	挖掘存量空间建设了公共绿地
物业管理全覆盖	16	物业服务	无	缺少物业服务
	17	物业管理服务平台	无	需尽快搭建智慧物业管理平台
社区管理机制健全	18	管理机制	有	能满足居民需求
	19	综合管理服务	有	能满足居民需求
	20	社区文化	有	能满足居民需求

调查评价结果

缺乏该类设施，后期需要逐步完善

小区内缺乏托儿所、停车及充电设施、慢行系统、物业服务和物业管理服务平台这5类设施，后期需要重点加强该类设施建设。

缺乏该类设施，与周边共用可满足需求

小区内缺乏社区综合服务站、幼儿园、社区卫生服务站、综合超市这4类设施，但是周边5~10分钟步行距离内有该类设施，通过共用、共享可满足需求。

已有该类设施，可满足居民需求

小区内已有老年服务站，多个邮件和快件寄递服务设施，便民商业网点，水、电、路、气、热设施，无障碍设施，环境卫生设施，公共活动场地，公共绿地这8类设施，并且社区管理机制健全。

空间设计策略

构建社会全龄友好环境系统。

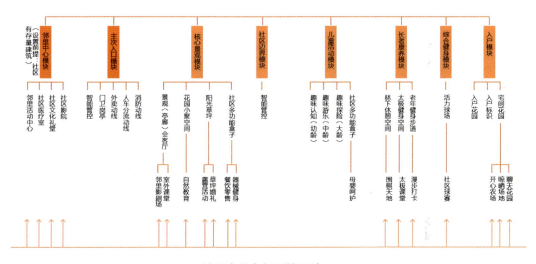

社区全龄友好环境系统
（图片来源：湖北省住房和城乡建设厅大院景观改造设计，2023）

老少同乐活动场

现状分析：运动器械利用率不高，缺少足够的坐着闲谈的空间，铺装破旧，管道裸露。

现状分析

平面图

中大龄儿童活动区有高差较大的坡度，可开发 6~12 岁儿童的探索能力并增强体力。0~6 岁的儿童活动区则主要以较为平缓的地面为主，设置较缓的高差起伏，主要以开发儿童智力及探索能力为主题，为孩童和家长创造一片可以安心游玩的嬉戏场地。

平面图
（图片来源：湖北省住房和城乡建设厅大院景观改造设计，2023）

记忆拾痕园节点

现状分析：场地存在较大高差，空间利用率低；钢构架暴露，设施陈旧；垃圾站点布置不规范；非机动车停车空间局促，功能分区不明确；水箱暴露，绿化不美观且杂乱。

现状分析

节点提升措施

梳理场地高差，规范停车位置，加强车辆管理；美化空间，提升空间品质，融入场地文化，考虑空间结合使用。

平面图
（图片来源：湖北省住房和城乡建设厅大院景观改造设计，2023）

5.2 磁湖社区建设规划

概况

磁湖社区位于黄石市西塞山区磁湖东路与英才路交叉口附近，占地面积为 0.3 平方千米，总人口 8088 人，房屋多建于 20 世纪八九十年代，磁湖社区市政基础设施、公共服务设施、便民商业服务设施、公共开放空间较为齐全，数字平台、便民服务感知系统等社区智能化服务欠缺。

规划亮点

黄石市过去的楼房多沿山临厂而建，加之湖面和山体将地形切割破碎，虽有湖光山色之秀美，亦带来小区建设之促狭。地处闹市的西塞山区磁湖社区通过对 15 个小区进行整体规划设计，开发边角地，利用闲置房建老年服务站、儿童游乐园、共享之家、健身场地等便民设施，同时挤出场地，增加社区共享空间，建设健身场地。

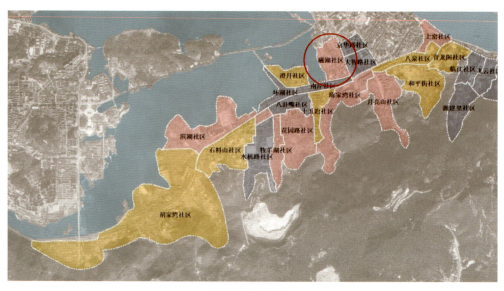

磁湖社区位置
（图片来源：磁湖社区改造提升方案）

对标、对表找短板

社区设施配套
（图片来源：磁湖社区改造提升方案）

对照完整社区建设标准查漏补缺

目标	序号	建设内容	建设要求	现状建成	备注
基本公共服务设施完善	1	一个社区综合服务站	建筑面积以 800 平方米为宜，设置社区服务大厅、警务室、社区居委会办公室、居民活动用房、阅览室、党群活动中心等	√	满足
	2	一个幼儿园	不少于 6 个班，建筑面积不小于 2200 平方米，用地面积不小于 3500 平方米，为 3~6 岁幼儿提供普惠性学前教育服务	√	含托儿所
	3	一个托儿所	1. 建筑面积不小于 200 平方米，为 0~3 岁婴幼儿提供安全可靠的托育服务； 2. 可以结合社区综合服务站、社区卫生服务站、住宅楼、企事业单位办公楼等建设托儿所等	√	含幼儿园
	4	一个老年服务站	1. 与社区综合服务站统筹建设，为老年人、残疾人提供居家日间生活辅助照料、助餐、保健、文化娱乐等服务； 2. 具备条件的居住社区，可以建设 1 个建筑面积不小于 350 平方米的老年人日间照料中心，为生活不能完全自理的老年人、残疾人提供膳食供应、保健康复、交通接送等日间服务	√	满足，但需提升
	5	一个社区卫生服务站	建筑面积不小于 120 平方米，提供预防、医疗、计生、康复、防疫等服务	√	满足
便民商业服务设施健全	6	一个综合超市	1. 建筑面积不小于 300 平方米，提供生鲜、日常生活用品等销售服务； 2. 城镇老旧小区等受场地条件约束的既有居住社区，可以建设 2~3 个 50~100 平方米的便利店提供相应服务	√	满足，四个生活超市
	7	多个邮件和快件寄送服务设施	1. 建设多组智能信报箱、智能快递箱，提供邮件快件收寄、投递服务，格口数量为社区日均投递量的 1~1.3 倍； 2. 新建居住社区应建设使用面积不小于 15 平方米的邮政快递末端综合服务站。城镇老旧小区等受场地条件约束的既有居住社区，因地制宜建设邮政快递末端综合服务站	√	菜鸟驿站
	8	其他便民商业网点	建设理发店、洗衣店、药店、维修点、家政服务网点、餐饮店等便民商业网点		太平洋保险、税务服务中心、便民超市、世界名酒、金大福茶楼、双子洗车
市政配套基础设施完备	9	水、电、路、气、热、信等设施	1. 建设供水、排水、供电、道路、供气、供热（集中供热地区）、通信等设施，达到设施完好、运行安全、供给稳定等要求，实现光纤入户和多网融合，推动 5G 网络进社区； 2. 建设社区智能安防设施及系统	√	满足
	10	停车及充电设施	1. 新建居住社区按照不低于 1 车位 / 户配建机动车停车位，100% 停车位建设充电设施或者预留建设安装条件； 2. 既有居住社区统筹空间资源和管理措施，协调解决停车问题，防止乱停车和占用消防通道现象，建设非机动车停车棚、停放架等设施； 3. 具备条件的居住社区，建设电动车集中停放和充电场所，并做好消防安全管理	×	可增设充电设备

续表

目标	序号	建设内容	建设要求	现状建成	备注
市政配套基础设施完备	11	慢行系统	1.建设串联各类配套设施、公共活动空间与住宅的慢行系统，与城市慢行系统相衔接； 2.社区居民步行10分钟可以到达公交站点	×	需重新规划公共空间与慢行系统
	12	无障碍设施	1.在住宅和公共建筑出入口设置轮椅坡道和扶手，公共活动场地、道路等户外环境建设符合无障碍设计要求，具备条件的居住社区，实施加装电梯等适老化改造； 2.对有条件的服务设施，设置低位服务柜台、信息屏幕显示系统、盲文或有声提示标识和无障碍厕所（厕位）	√	有部分楼栋增设电梯，公共场地缺少适老化设施
	13	环境卫生设施	1.实行生活垃圾分类，设置多处垃圾分类收集点，新建居住社区宜建设一个用地面积不小于120平方米的生活垃圾收集站； 2.建设一个建筑面积不小于30平方米的公共厕所，城镇老旧小区等受场地条件约束的既有居住社区，可以采用集成箱体式公共厕所	√	满足，6处垃圾分类回收点
公共活动空间充足	14	公共活动场地	1.至少有一片公共活动场地(含室外综合健身场地)，用地面积不小于150平方米，配置健身器材、健身步道、休息座椅等设施以及沙坑等儿童娱乐设施，新建居住社区建设用地不小于800平方米的多功能运动场地，配置5人制足球、篮球、排球、乒乓球、门球等球类场地，在紧急情况下可以转换为应急避难场所； 2.既有居住社区要因地制宜改造宅间绿地、空地等，增加公共活动场地	√	陈家湾广场
	15	公共绿地	至少有一片开放的公共绿地。新建居住社区至少建设一个不小于4000平方米的社区游园，设置10%~15%的体育活动场地。既有居住社区应结合边角地、废弃地、闲置地等改造建设"口袋公园""袖珍公园"等。社区公共绿地应配备休憩设施，景观环境优美，体现文化内涵，在紧急情况下可转换为应急避难场所	×	社区东侧有绿化公园，社区内部缺少绿地
物业全覆盖	16	物业服务	1.鼓励引入专业化物业服务，暂不具备条件的，通过社区托管、社会组织代管或居民自管等方式，提高物业管理覆盖率； 2.新建居住社区按照不低于物业总建筑面积2‰且不低于50平方米配置物业管理用房，既有居住社区因地制宜配置物业管理用房	×	物业服务尚未实现数字化管理
	17	物业管理服务平台	建立物业管理服务平台，推动物业服务企业发展线上、线下社区服务业，实现数字化、智能化、精细化管理和服务	×	统一物业管理平台
社区管理机制健全	18	管理机制	1.建立"党委领导、政府组织、业主参与、企业服务"的居住社区管理机制； 2.推动城市管理进社区，将城市综合管理服务平台与物业管理服务平台相衔接，提高城市管理覆盖面	×	居民参与的社区协商机制
	19	综合管理服务	依法、依规查处私搭乱建等违法违规行为，组织引导居民参与社区环境整治、生活垃圾分类等活动	√	引导居民参与
	20	社区文化	举办文化活动，制订发布社区居民公约，营造富有特色的社区文化空间	√	统一社区文化

无专门为老年人及儿童设计的活动空间，虽然有无障碍设施，但数量不足。

社区内部现有停车位较多，但停车不规范，无充电装置。

社区内公共活动区域不明朗，环境有待优化。

健身活动空间较少，健身设施不足。

社区服务中心夹在两栋居住楼中间，立面破旧，沿街昭示性不强。

社区内有闲置建筑，服务设施质量有待提升。

现状问题
（图片来源：磁湖社区改造提升方案）

建设重点

围绕完善社区服务设施、环境、服务及管理机制,根据完整社区的建设标准,总结本次建设需重点从以下五点打造。

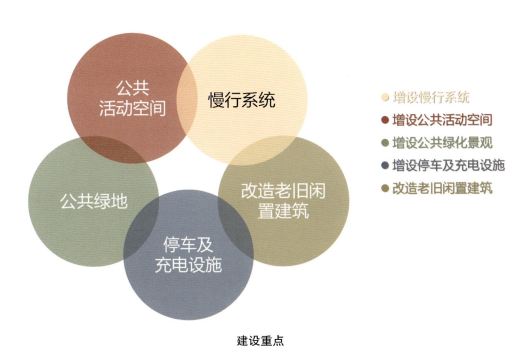

建设重点

整改建议

设计理念——磁湖飘带

磁湖风景区青山环抱,湖岸线曲折,似一条飘带,喻示着"炫彩、轻盈、活力"。设计希望通过色彩与线条的碰撞创造丰富多彩的活力社区。

磁湖飘带
(图片来源:磁湖社区改造提升方案)

实践篇　／119
5　建设规划

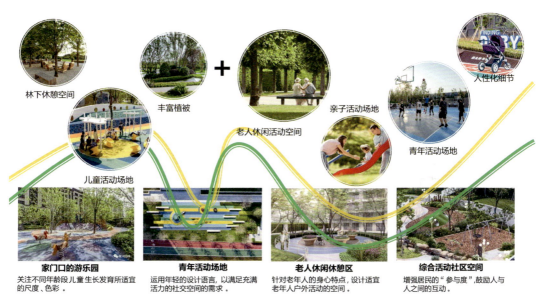

设计主题
（图片来源：磁湖社区改造提升方案）

完整社区 理论、实践与新探索
PLANNING FOR INTEGRATED COMMUNITY IN THEORY, PRACTICE AND NEW EXPLORATION

图例
1 彩虹桥
2 慢行步道
3 运动乐园
4 健身步道
5 童享乐园
6 儿童滑梯
7 机动车车位彩绘
8 老年活动区
9 休闲廊亭
10 综合活动区
11 共享乐园
12 街角花园
13 社区花园
14 沿街步道

设计总平面图
（图片来源：磁湖社区改造提升方案）

改造策略

策略一：慢行步道

路口增设构筑物，增设慢行步道，倡导绿色、低碳出行，提升回家仪式感。

改造前：路面步道铺装破损严重，有待提升。

改造后：路面采用颜色醒目的沥青铺筑，结合栏杆、标志牌、自行车车道、行人步道和绿化景观营造等，有效解决人车流线冲突，打造更加安全舒适的行人步行、骑车通行环境，倡导绿色、低碳出行。

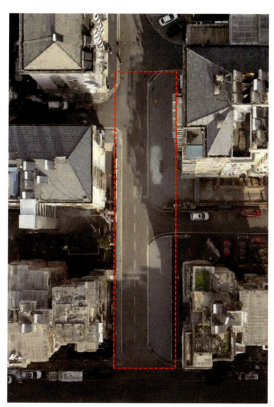 

步道改造前后效果
（图片来源：磁湖社区改造提升方案）

策略二：公共活动空间

公共健身活动区

增加公共活动空间以满足不同年龄人群的活动需求，提升居住幸福感。

改造前：健身活动空间较少，健身设施不足。

改造后：利用闲置空间扩建健身场地并增加不同健身器材，满足不同健身爱好者需求。

公共健身活动区改造前后效果
（图片来源：磁湖社区改造提升方案）

儿童游乐区

改造前：幼儿园出入口正对着停车场，存在安全隐患，缺乏家长等候区。

改造后：为儿童专设儿童公共游乐区，鲜明的区域划分形成无形的空间屏障，保障了幼儿园出入口的安全，多彩多样的游乐设施给社区添加一抹童趣色彩。

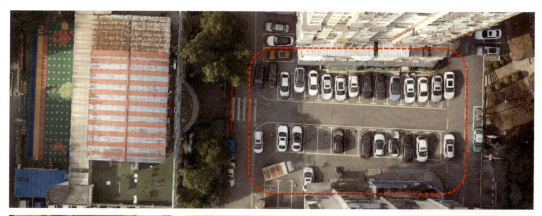

儿童游乐区改造前后效果

老年人休闲区

改造前:除了现有划线停车场,乱停乱放现象比较严重。

改造后:为老年人提供公共娱乐休闲的区域,提供观景驻足的林下休憩空间,在满足老年人社交与活动需求的同时,彰显社区的人性化设计。

老年人休闲区改造前后效果
(图片来源:磁湖社区改造提升方案)

综合活动区

改造前：社区内部的停车场过多，居民的公共活动空间甚少。

改造后：综合活动区为居民提供休息的场地和邻里交流的空间，营造多年龄段的生活场景，满足少有所趣、青有所益、老有所乐的空间需求。

综合活动区改造前后效果
（图片来源：磁湖社区改造提升方案）

策略三：绿化景观

街角花园

增设口袋公园及绿化景观，利用闲置地、边角地"见缝插绿"，为社区居民提供休闲娱乐场所。

改造前：社区内公共活动区域边界不明朗，居民休闲场地与车行道路混合，环境待优化。

改造后：增加街角主题区，利用边角地实现"见缝插绿"，慢行步道作为活动区与车行道路的空间界线，为社区居民提供休闲娱乐场所。

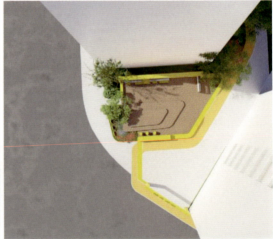

街角花园改造前后效果
（图片来源：磁湖社区改造提升方案）

社区入口

改造前:入口辨识度不足,缺乏引导性。

改造后:创造了一个具有趣味性的入口空间,提升辨识度,增强参与感,增强沿街的展示视觉效果,营造良好的氛围,提升社区幸福感。

社区入口改造前后效果
(图片来源:磁湖社区改造提升方案)

沿街步道

改造前：铺装破损严重，绿化品质较差，缺乏停留空间。

改造后：优化人行道高差，设置阶梯坐凳，在节点位置增加休闲廊亭供人停留，提升围墙品质，增强辨识度。

沿街步道改造前后效果
（图片来源：磁湖社区改造提升方案）

策略四：美化机动车停车场

改造前：社区内部停车场多，但缺乏非机动车停车位及充电装置。

改造后：将局部停车场重新设计，并专为非机动车安装充电装置，满足社区居住需求，填补老旧社区的建设不足。

机动车停车场改造前后效果
（图片来源：磁湖社区改造提升方案）

策略五：公共设施及服务升级

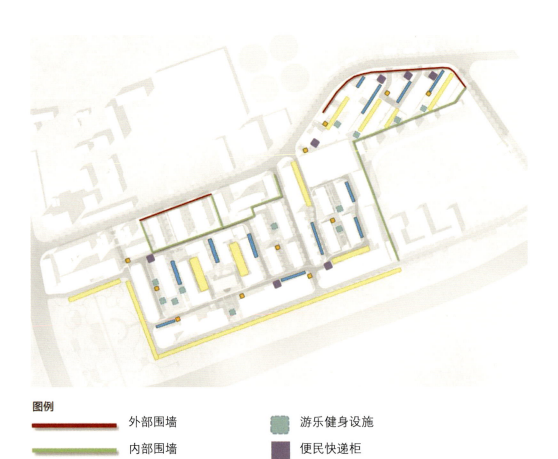

公共设施及服务升级
（图片来源：磁湖社区改造提升方案）

实践篇 / 131
5 建设规划

智能物业

引入专业物业服务供应商，打造智能物业服务平台，提供数字化、智能化、高性价比的服务。

智能安保

配置数字化消防、安保硬件设施，提供智能化服务，打造安全舒适的生活环境。

智能物流

提升快递配送安全性，提高配送效率，增强社区用户体验。

1. 在社区主要人行出入口设置智能快递柜，智能快递柜格口数量按社区每日平均投递量的1~1.3倍来配置。
2. 实施联网追溯全过程物流配送安全管控。
3. 配置物流收配分拣和休憩空间。

健身长廊

充分挖掘辖区内的可利用空间,统筹建设小型、灵活、多样的健身和休闲设施。

社区针对不同年龄段人群划分设置了儿童娱乐和休闲区、传统器械健身区等活动区域,在满足各年龄段市民多元化健身的同时,还能使人欣赏到磁湖的秀丽风景,呼吸清新的空气,让群众沐浴在人与自然和谐共生的氛围中。

儿童娱乐区

健身区

社区幸福食堂

聚焦高龄、空巢老年人的用餐难题,通过科学布点,扩大供给,不断提高老年人助餐服务的可及性,打造幸福食堂养老模式。

幸福食堂所有餐品分两种价格,助老价格针对60岁及以上的老年人,以及环卫工、快递员、外卖员;青春卡价格则是面向60岁以下的社会大众。幸福食堂价格便宜实惠,减少了老年人在家里的劳动强度。

适老化改造

社区幸福食堂

社区活动中心

6

实践经验
PRACTICAL EXPERIENCE

6.1 八古墩社区

概况

八古墩社区隶属于武汉市江汉区唐家墩街道，是由城中村改造而来，位于发展大道299号附20号，辖区面积为0.20平方千米。

规划重点

紧紧围绕完善社区服务设施、打造宜居生活环境、推进智能化服务、健全社区治理机制四个方面，运用共同缔造理念，以居民需求为依托，确定辖区实施项目，主要表现在四个方面：

立足需求，推动基础设施完善；

空间共享，打造宜居生活环境；

搭建平台，构建智能社区建设；

激发动能，健全治理机制运行。

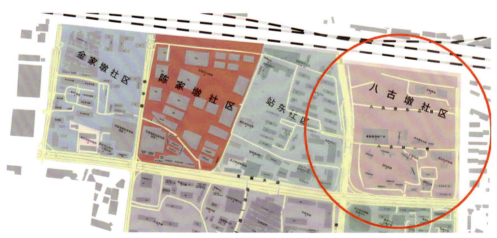

八古墩社区区位

实施项目

立足需求,推动基础设施完善　　　　**空间共享、打造宜居生活环境**

修建停车棚

共享篮球场

"平改坡"项目

共享微花园改造

道路改造提升

共享健身设施

搭建平台，构建智能社区建设

"物业城市"智慧运营调度中心

5G（视频AI）巡逻车

将智慧平台融入社区管理

实践经验

为提升居住品质，社区坚持"体检"先行，结合"规划师进社区"活动，掌握社区人口、就业及消费等结构性特点，通过现状摸底、逐一对照及问题评估，收集辖区居民需求和意见建议，查找出了缺少托育机构、社区助餐服务设施、智慧化管理手段不足等短板，在此基础上制订补短板策略和行动计划，统一社区发展目标和营造理念。

6.2 绿洲社区

概况

宜昌市"爱润绿洲"完整社区建设项目于2023年3月启动，辖区面积约1.62平方千米，东至东城路，南至东方大道，西靠锦江大道，北与晨光路交界，试点总投资0.5亿元，涉及7个商住小区，受益群众9225余户，23824人。辖区内有行政事业单位28家、企业单位56家、商户765家，还有东湖小学、东湖初中、恒大天童幼儿园3所教育机构。社区拥有较完善的公共服务设施，是一个集居住、商业、政务于一体的综合性新型社区。

规划亮点

充分运用共同缔造理念，聚焦"一老一小"，综合打造"邻聚里"活动中心、幸福食堂、托幼中心、文化广场、医务室、夷新驿站，完善公共服务设施，真正把场景建在小区里，搬到家门口，打通小区服务最后一百米，让居民享受从"楼上"到"楼下"的便利。

绿洲社区总平面图

短板和措施

居民需求

通过调查走访、召开居民会议、社区网格通知等方式对社区存在的短板问题和主要困难等进行居民意愿调查，大部分居民对文化休闲中心、社区医务室、应急服务站的公共服务空间需求最高，同时对社区周边新建基础设施的迫切程度依次为室外健身场地、公共厕所、综合超市、公交车站、口袋公园，其中，对室外健身场地的需求远远大于其他的需求。

居民需求表

试点内容	社区体检发现的主要问题	试点工作主要内容
完善社区服务设施	缺乏养老服务机构	高标准打造养老服务中心
打造宜居生活环境	公共活动空间标准不高	进一步优化公共活动空间
推进数字化服务	智能化未全覆盖	持续更新智能设备接入，全方位覆盖
健全社区治理机制	多方管理主体缺乏沟通	积极探索多方联动模式，力求协同治理

主要做法

整合资源，夯实功能体系整体实力

严格落实社区"大党委"联席会议制度，坚持共同商议社区重大事项，统筹协调各方资源，积极争取各类项目，有效弥补资金不足的问题。坚持把"C位"让给群众，聚焦"一老一小"，综合打造"邻聚里"活动中心、幸福食堂、托幼中心、文化广场、医务室、夷新驿站等社区公共服务设施，真正把场景建在小区里、搬到家门口，打通小区服务最后一百米，让居民享受从"楼上"到"楼下"的便利。

2023年以来，社区争取到托幼项目中央预算内资金210万元，用来完善托幼基础建设，文化广场项目对口支援资金160万元，用以优化打造居民公共活动空间，还争取了省级科普惠民示范社区、全省城市一刻钟便民生活圈等相关试点项目。

社区邻里服务中心

问需于民,激发群众内生动力

聚焦居民呼声最高的文化休闲需求,利用700余平方米阵地打造"邻聚里"活动中心,统筹辖区优质教育教学资源,联动区直相关职能部门,开办社区学堂,以"有课程、有主题、有活动"为准则,采用一室多用的理念,融入亲子成长、文化交流等多种功能,链接教师资源,发掘社区能人、热心骨干,设置"德""娱""礼""技""智"五大类课程,打造舞蹈班、瑜伽班、摄影班、烘焙班、亲子班等10余个班次,实现家门口一站式学、玩、乐、教、享。2023年累计开课300余次,举办活动80余场次,用服务品牌的"邻聚里",促进邻里关系的"零距离"。

政务服务中心

24小时政务服务自助终端

居家养老站

篮球公园

聚焦重点，释放暖心为民服务张力

针对青少年群体，联合区妇联、区教育局共同成立绿舟家庭教育指导中心，探索以项目专业化、品牌化的方式推进家庭教育工作，创新家、校、社协同育人模式，全面关注儿童身心健康发展。通过室内儿童空间微改造及室外科普教育实践基地建设，同时连接社会各类实践资源，共同打造儿童家门口宜居、宜学、宜乐、宜游的美好环境。

针对老年人群体，利用原党群服务中心，高标准打造幸福食堂。按照开得起来、群众认可、运营长久的目标，不断健全完善幸福食堂建设运营和监督管理制度，以干净整洁的环境、优惠亲民的价格把食堂建成暖民心、聚人心、解民忧的惠民工程，幸福食堂日均接待量超过150人，获得居民一致好评。

针对两新就业群体，在夷陵万达3号门外新建"夷新驿站"新业态党建阵地，打造具备"党建展示空间、学习活动空间、工间休息空间、基层治理平台、为民服务平台"等基本功能的场所，配备桌椅、冰箱、微波炉、电视、充电插座等设备，提供歇脚、茶水、医疗急救等基础服务，有效解决快递员、外卖员、网约车司机风餐露宿、缺乏休憩场所的问题。

居民在食堂用餐

党群连心站

八大场景模式

打造暖心绿洲 · 公共服务场景

按照"1+4+N"功能布置社区党建服务中心，配套建设小区党群连心站、党群服务中心、社会组织工作室等。

绿洲社区党建服务中心

打造烟火绿洲 · 邻里生活场景

重点建设生活垃圾收集点、机动车停车及充电设施；加强社区配套菜市场、便民商业中心等建设。

妇女儿童幸福驿站

打造生命绿洲 · 健康医疗场景

在社区党建服务中心内建设妇女儿童家庭幸福驿站、残疾人之家、社区医务室等设施，针对老年人群体配套建设居家养老服务站。

打造筑梦绿洲 · 创新创业场景

依托商圈阵地建立"红领驿站"，帮助返乡就业人员和灵活就业人员就近就业。

红色驿站

打造书韵绿洲·全民学习场景

构建社区＋学校、居民＋名师、线上＋线下3个共联机制，建好社区学校。

打造文脉绿洲·文化休闲场景

积极营造全民文化、体育、休闲生活氛围，建设文体活动室、口袋公园、室外健身场地等文化休闲设施。

打造诚信绿洲·平安法治场景

按照"三室一窗口"模式建设社区综合治理（网格）中心，即矛盾纠纷调解室、社会心理服务室、"雪亮工程"研判调度室、接待窗口为必备功能室。

打造守护绿洲·城市安全场景

加快新建微型消防站，增设和改建应急服务站、电动摩托车停车及充电等设施，积极开展消防安全主题活动。

规划重点

聚焦为民、便民、安民服务，补齐养老、托育、健身、停车、充电、便利店、早餐店、菜市场、"小修小补点"等设施短板，运用共同缔造理念，推进社区适老化、适儿化改造，推动家政进社区，完善社区嵌入式服务，提高社区治理数字化、智能化水平。

社区学校

社区邻里活动中心

6.3 顾家片区

概况

顾家片区隶属于十堰市茅箭区，总面积约 0.67 平方千米，总投资 1 亿元，涉及改造小区 17 个、房屋 130 栋，受益群众 4000 余户，共 1.03 万余人。该片区是文化厚重的老工业基地、设施老化的城乡接合部、典型的小流域片区，承载着厚重的历史记忆、人文精神和重要的生产生活功能。

规划亮点

该片区始建于 1969 年，大部分建筑建成于 20 世纪七八十年代，辖区内建筑老旧，违章建筑颇多，基础设施薄弱，雨污混流现象普遍，水、电、天然气等设施管道老化严重。而且城市建设挤占绿地、广场，小商贩众多，消防、停车、门禁等物业管理设施严重缺位。

另外，片区居民人口老龄化严重，60 岁以上的人口数占 40.9%，所以适老化改造、活动场地缺失等问题时刻困扰着这里的居民。

顾家片区现状

短板和措施

试点内容	社区体检发现的主要问题	试点工作主要内容
打造宜居生活环境	居住小区楼体外观老旧混乱，屋面漏水	完成居住小区屋顶防水、外墙翻新、内墙粉刷工程，更新全段污水管网，完成晾衣架、雨棚拆旧新装工作，安装厨房油污接油盒，全面补齐基础设施短板
	小区道路坑洼破损、地面积水	小区支路人行道、停车位全段硬化，进行地面平整处理
	拆除违章建筑	拆除天台、平台及小区公共地方违章建筑，恢复公共使用空间及功能
	缺乏公共活动空间	培育"马灯精神"，以精神堡垒营造社区特色文化，新增街心广场、风雨长廊、美好会客厅等便民设施
完善社区服务设施	社区基本公共服务标准不高	打造形成"一圈、两带、五节点、N场景"的总体服务结构，聚合基层党建、办事服务、共建议事、物业服务等社区治理服务功能
	沿街商铺杂乱	盘活闲置空间，打造便民市场、商业街、物业办公和美食广场等商业化运行模式
	缺乏公共活动空间	改造滨水栈道及游步道、绿化、完善休闲设施，增设景观小品，增加街心广场、风雨长廊、美好会客厅等便民设施
	垃圾分类设施不足	因地制宜、按需建设垃圾分类收集点
	缺乏"一老一小"服务阵地	盘活闲置资源，建设路北社区居家养老服务综合体，增设"四室一厨"
推进智能化服务	缺乏信息平台	建设社区智慧管理服务平台，覆盖智慧大屏、智脑引擎、信息综合治理等管理服务
	缺乏智能化建设	
健全社区治理机制	小区治理机制需健全	积极总结推广"1365"小区治理体系，健全"三方联动"议事协调制度，把"一楼两长三员多达人"嵌入社区日常治理中
	党组织参与不够主动	持续擦亮"幸福顾家"党建品牌

实施项目

打造生态宜居社区

围绕"一小一老"全生命周期,构建"15分钟养老服务圈",打造区域性中央厨房幸福食堂,推出"日间托老"服务,新建养老综合体、老年大学,增加托儿所、"四点半学校"等儿童活动设施5处,新建多媒体教室、阅览室、舞蹈室等功能室,为孩子们量身定制心理疏导、法治教育、传统文化、外出研学等特色内容。

> 曾经破旧的锅炉房,经过"修旧如旧"式的改建,如今已成了社区客厅,是集志愿服务、文体娱乐、托幼辅导等功能于一体的服务综合体。

爱心便利店

锅炉房改造后效果

打造高品质韧性社区

聚焦小区基础设施完善,将流域治理、绿色低碳与城市更新相结合,开展马家河小流域综合治理,改造及新建污水管网512米、雨水管沟1100米,彻底实现小区内雨污分流;在小区内增加室外适老化扶手25个,完善夜间照明系统;首期加装电梯6部、新增车位600个;新建下河步道20m、篮球场600平方米;片区使用天然气的住户全部安装天然气"三件套";强弱电线全部入地。

适老化扶手改造

照明改造项目

供暖改造项目

打造现代化智慧社区

搭建社区智慧服务一体化平台，安装智慧路灯 85 个、智慧喇叭 23 个、智慧摄像头 218 个、烟感器 1500 个、特殊家庭一键呼叫按钮 50 余个、智慧井盖 560 个、充电桩 20 个，实现水、电、气、暖全部接入智慧服务一体化平台，实现社区服务智能化、一体化、精细化。

打造温情人文社区

以"车城精神、生生不息"为主题，挖掘总结东风锻造文化，激活城市"老故事""老建筑""老场景""老社区"资源，传承 20 世纪 70 年代红砖墙建筑风格，保留砖雕门牌号、楼栋号，将废旧老设备、老机器放在文化广场，形成红色历史记忆。

> 通过扩大空间、增加吊顶、装饰管道、添设彩灯，曾经黑暗狭窄的地下通道利用两边墙壁宣传东风锻造有限公司"成长"故事。

改造后的部件厂记忆长廊内部

改造后的部件厂记忆长廊外部

全龄运动

街心广场陈列锻造车间设备

创新经验

创新老工业社区资源统筹的做法

充分利用老工业社区遗留的丰富资源，改扩建一批、提档升级一批、招商引资一批，既能有效降低改造成本，又能变废为宝。将原来的东风退休管理办公室改造成居家养老综合体，将废弃锅炉房改造成美好会客厅。拆除原有52市场及临街商铺，改建成美食街。利用旧管道，改造成具有休憩避雨功能的设施。

幸福顾家风雨长廊

居家养老综合体

创新可持续运营的经验概况

坚持"政府让利、企业微利、群众得利"理念,将投运平衡作为基础条件进行考虑谋划,在努力向居民群众释放最大政策红利的同时,又不给财政增加负担。专门成立湖北武盛达建设有限公司,统筹改造更新资源、闲置资产、空置土地,实现小区内资产统一监管、资源统一配置、资金统一调度,最大限度盘活资产,取得可持续收益,实现更新改造项目长期运营平衡、可持续发展。

社区幸福食堂

小区公共充电桩

幸福顾家小区"三方联席"议事会

创新社区养老的模式

依托养老服务综合体,以联合社区商业合伙人共同打造的方式,将养老机构"嵌入"社区,以多方力量汇聚起多方资源,搭建"一体化资源整合,一站式综合服务"的社区养老服务综合体,加强智慧养老应用,大力拓展社区服务功能,提升养老服务质量,努力为社区居家老年人提供全方位、多层次、专业化的综合养老服务。

社区爱心义剪活动

社区养老设施

人居环境整治

对过去占道的商铺进行集中整顿，与城管部门携手监督违法占地经营问题，有针对性地治理污染环境的商铺，并规范标准化店面，将道路刷黑。通过在墙面上张贴创文宣传标识，提高群众参与创文的热情，自觉维护辖区环境。

整治前

规范机动车停车位

统计小区的车辆信息，引导居民拆除私锁，协商错峰停车。

整治后

机动车停车位规范后

6.4 万家堰社区

概况

万家堰社区隶属于麻城市南湖办事处,现有党支部 16 个、自然湾 11 个、党员 120 人、5 个党小组、流动党员 45 人、综合支部 13 个、业委会和党群议事会 13 个、社区工作者 14 名、后备干部 2 名。现有居民 8325 户,常住人口 25386 人。

> **社区短板**
>
> 1. 拓宽道路、硬化刷黑、管线入地、公园、停车位建设等仍不完善。
> 2. 社区未设置托幼服务设施、养老服务设施,满足不了居民"一老一幼"服务需求。
> 3. 社区缺少商业服务设施,例如家政服务网点、洗衣店,无法实现居民日常生活的便捷性目标。

设施配建情况

万家堰社区党群服务中心建于 2021 年,占地 0.2 公顷,建筑面积为 2987 平方米,设置有社区服务大厅、警务室、社区办公室、社区大舞台、室内活动室、居民活动室、残疾人康复室、居民阅览室、村级退役军人服务站等,基本建成了功能健全的现代化社区综合服务中心。

在金龙大道和进士路交会口 1 千米范围内,有乐达幼儿园(含小学)、常青幼儿园、麻城市第十实验小学、职教集团(幼儿园和中专)组成的完整教育服务体系。

万家堰社区区位

完善社区服务设施

青山公园项目

青山公园位于万家堰社区张家院子小区，占地面积为 2.67 余公顷，总投资达 1200 万元，是利用闲置土地见缝插绿、因地布景、精心打造的可游、可赏、可玩的"口袋公园"。

孝善食堂

孝善食堂是万家堰社区邻里中心重要功能组成部分，总建筑面积为 427 平方米，主要围绕日间特殊照料、慈善积分兑换、职工服务、公益性居民食堂四大核心功能进行服务。

阳光小屋

从"油盐酱醋茶"到"衣食住行闲"，全方位满足居民多样化、品质化的生活需要，实现"家的延伸"。阳光小屋共有两层，一楼设有阳光健身房、康复器械区、开心棋牌室、老年教学点、亲子乐园；二楼设有小区党群服务站、阳光议事厅、矛盾调解室、阳光书房等功能区。

青山公园鸟瞰图

青山公园广场

阳光小屋

打造宜居生活环境

实施项目

对万家堰社区部分小区进行绿色、文化建设提标升级，主要内容包括拓宽道路、硬化刷黑、管线入地、打造幸福嘉苑公园、建设停车位等。

零工驿站主要服务保姆、保洁等灵活就业人员，针对性地解决零工、散工、小时工、短期工的企业招聘和群众求职问题。线上已实现与湖北省零工驿站小程序的对接。

电动自行车充电棚

推进智能化服务

实施项目

完善智能安防、智能道闸、电子围栏、智能门禁、快递柜等配套建设，同社区警格和网格深入融合，推进完整社区的信息化治理。建立健全监控系统，实时抓拍高空抛物，实现电动车辆充电隐患实时传送。

零工驿站

6.5 东亭社区

概况

武昌区水果湖街道东亭社区始建于1985年,是20世纪80年代中期武汉市第一批商业小区之一,占地面积为0.48平方千米,四至为中北路、黄鹂路、东湖路和车家岭街,所辖为湖北省社会科学院宿舍、湖北省社会科学界联合会宿舍、香榭水岸、东亭小区、建机宿舍等9个小区,总户数为4549户,人口为12836人,是中北路金融主轴上的老旧社区。

规划亮点

东亭社区在建设过程中,按照选试点、找差距、集民意、补短板、创生活的工作思路,聚焦"一老一幼",补齐设施短板,坚持共同缔造,顺应居民对美好环境的需要,以改善人居环境、丰富居民精神文化生活为重点,打造社区居民学习交流平台,营造全龄友好、安全、健康的生活环境。

东亭社区活动

社区位置

短板和措施

对照完整社区建设标准,东亭社区存在的问题主要有两个:一是要提升养老服务、托育服务,进一步完善基础公共服务设施;二是要提升市政配套基础设施水平,解决建机宿舍电力"非直供"等问题。

居民诉求:希望通过完整社区试点建设,进一步完善"15分钟便民服务圈",尤其是解决困扰居民已久的用电、新能源汽车充电等问题,提高生活便利度和居民幸福度。

短板和措施

试点内容	社区体检发现的主要问题	试点工作主要内容
完善社区服务设施	解决建机宿舍小区居民用电不稳定,尚未完成"一户一表"改造的问题	"转改直"工程 建机宿舍实施供电"一户一表"改造
	增加便民服务设施	社区盒子 建设社区盒子,提供维修、理发等便民服务
	解决社区部分居民二次供水的问题	老旧供水管道改造 在农行干部培训学院宿舍、社科院宿舍、建机宿舍实施供水管道改造工程
适老化无障碍改造	建立健全老旧小区电梯加装工作机制,完善适老化服务	加装电梯,具备条件的住宅愿装尽装
打造宜居生活环境	提升社区绿化品质	绿化改造 建机宿舍、社会科学院宿舍实施大树修剪移栽
完善交通体系服务居民出行	打通社区周边"断头路",提升交通体系服务能力	建机小路工程 打通建机小路(车家岭街—黄鹂路)"断头路",增加车位,增加充电桩,满足居民停车、充电需求
	停车难,充电更难	

建设情况

强调规划引领，盘查短板、诉求和资源

按照选试点、找差距、集民意、补短板、创生活的工作思路，对照住房和城乡建设部《完整居住社区建设指南》制订调查问卷，充分发挥社区组织力量，采用线上、线下相结合的方式，广泛收集居民意见；开展社区自查摸底，以了解社区基本情况、社区公共服务设施情况，精准查找短板问题；同时，盘查区域存量资源，包括可利用的房屋、土地、设施等现有资源，为后期补短板、强功能提供空间载体，并最终形成完整社区规划方案和建设任务清单。

美好环境共同缔造，打造乐享驿站有温度

动员居民以投工投劳、众筹共养等形式进行竹篱改造、养花种草，点缀以"诗美·花香·人乐"的居民原创诗词，因地制宜地推进前庭后院环境整治。持续推进社会科学院、建机宿舍等老旧小区改造工作，加强供水、道路、安防、停车及充电、慢行系统、无障碍和环境卫生等基础设施改造建设，落实海绵城市建设和绿色社区创建理念，完善设施运行维护机制，确保设施完好、运行安全、供给稳定。顺应居民对美好环境的需要，建设公共活动场地和公共绿地，营造全龄友好、安全健康的生活环境。

健身运动

聚焦居民所需，拓展服务空间，打造"乐享驿站"多功能服务阵地，目前已正式投入使用。对驿站大厅进行分区管理，配备了专门的志愿者，向居民提供"一站式"服务。设置"万事通""健身角""百宝箱"等功能区，打破居民户籍限制，让社区中常住的业主、租户和流动人员共同享有并维护社区公共环境、公共空间、公共设施，平等享有良好的精神风尚和温馨友好的社区氛围。

东亭驿站

聚焦"一老一小",完善服务有落实

依托嵌入式居家养老,连接水果湖卫生服务中心资源,提供预防、医疗、计生、康复等服务,形成医养结合的社区康养模式。通过东亭社区嵌入式居家养老的幸福食堂、日间照料中心、紧急呼叫救助中心、医务室、康复健身室,可为社区老年人提供送餐、助医、康养、护理等20类共计100项上门服务。

康养中心

依托东亭社区原有0~3岁服务机构"绿房子",拟在黄鹂路上东亭权属3层楼现状用房内建设为社会组织服务的托幼机构。提升孩子的社会化程度,为孩子将来进入幼儿园或托儿所做准备,同时关注儿童心理问题的预防和早期识别。

托育服务设施

"政、企、民"同题共答，共同推动民生保障项目

采取逐户上门等方式，收集并协调居民意见，同时也借此机会加大宣传力度，争取居民对"转改直"工程的支持。引导"政、企、民"同频共振、同题共答，经过多轮社区议事、交流协商，达成"政府出一点儿、企业出一点儿、居民出一点儿"的共识，保障项目资金，顺利启动建机宿舍"转改直"电力改造工程。

为解决社区内新能源汽车充电难问题，相关部门联合社区、国网供电公司工作人员多次进行现场踏勘，与居民协商明确建设点位，全力推进建设工作。目前已有24套新能源汽车充电桩投入使用。

新能源汽车充电桩建设

擦亮区域文化品牌特色

依托武昌区教育学院水果湖街分校近1000平方米的社区公共空间,开办居民家门口的老年大学,创设古筝、书法、朗诵、电脑等29个特色学科。该大学从最初的10多个班,发展到现在的50多个班,共计2700余名学员。

东亭社区作为湖北省中华诗词学会诗教基地,以及全国唯一社区诗教先进单位,由楚凤诗社主导,武汉竹枝词学会协理,湖北省诗会女子工作委员会、武汉女子诗社进驻,坚持共同打造社区居民学习交流平台,共同擦亮"诗韵东亭"品牌。"采菊东篱下,悠然见南山"展示了一幅安居画面,而在今天的东亭社区,"诗韵东篱角"内屋舍俨然有序、竹篱错落有致,重现了这样的场景。社区教育学院的居民学员和诗教专家的诗词作品展现在篱笆墙上,让居民在潜移默化中陶冶情操。

老年大学

诗韵东亭活动

6.6 盛隆社区

概况

枣阳市南城街道盛隆社区原石棉厂家属院属于破产改制企业小区,位于枣阳市南城街道新华路16号,建成于2013年,面积为4.27公顷,截至调查时,有居民楼20栋,住户1102户,人口2887人。

2023年,社区被确定为省级共同缔造试点、省级完整社区试点、省级老旧小区改造合作社模式试点,先后被授予"枣阳市示范基层党组织""枣阳市优秀基层党组织""枣阳市信访维稳工作先进单位""全国示范性老年友好型社区"称号。

规划亮点

坚持以新发展理念为统领,坚持共同缔造,聚焦群众"急难愁盼"问题,探索将城镇老旧小区改造与城市更新相结合,积极推进完整社区试点建设,积极打造共享食堂、老年公寓、个人病房、医疗空间、智慧社区、托育所、后勤配套、室内多功能活动空间、室外公共活动空间等一体化养老服务中心,高标准做好"一老一小"的服务保障。

盛隆社区

短板和措施

短板和措施

试点内容	社区体检发现的主要问题	试点工作主要内容
完善社区服务设施	增加便民服务设施	设置便民服务大厅、社区居委会办公室、党群活动中心、社区卫生站、便民蔬果市场
	解决社区及周边居民幼儿及学前教育问题	新建2200平方米幼儿园和200平方米托儿所，主体工程已完成，正在进行装饰装修
适老化无障碍改造	建立健全老旧小区电梯加装工作机制，解决老年人出行问题	加装电梯，具备条件的住宅愿装尽装
		在住宅出入口、公共活动场地设置轮椅坡道，有无障碍公厕
打造宜居生活环境	提升社区绿化品质	新建开放的环形道绿地
	提升居民身心健康运动	文化广场、健身广场、篮球场、议事亭等
完善交通体系服务居民出行	提升通行服务能力	通过规整、新建停车泊位，增加220个车位，增加3套汽车充电桩、5组电动自行车充电桩，满足居民停车、充电需求
	停车难，充电更难	

主要做法

提升环境,创建"优美整洁"社区

对小区内下水管网进行全面改造升级,刷黑路面约1.4万平方米,设置垃圾处理点3个、垃圾箱6套和太阳能路灯21盏,并新建了文化墙、篮球场和居民休闲广场、议事亭、停车场等,小区环境得到质的飞跃。在改造过程中,坚持美好环境与幸福生活共同缔造理念,党员代表先锋模范先行、先拆,引导居民主动拆,在零外援、零赔偿、零信访的情况下,共和谐拆除违章建筑136个。

居民休闲广场

聚焦服务，创建"愉悦生活"社区

结合省级老旧小区改造合作社模式试点推进，引导社区成立合作组织，指导社区以多方力量汇聚多方资源，将原闲置招待所改建为社区医院，在方便居民就医的同时增加租金收入。在废弃幼儿园空地上建设一个集"居民养老、四点半学校、智慧社区、居民食堂"一体化服务的机构。主体工程于2023年8月完工，投入使用后预计有100张床位。扎实做好"一老一小"的服务保障，引导"一老一小"有效融入基层治理，不断满足群众多元化、多层次需求，让"幼有善育，老有颐养"落到实处。

社区活动广场

聚民力，共建美好家园

整合多方资源。将包保单位、社区干部、社区党员、"双报到"党员、小区居民等各方力量汇聚到一起，形成工作合力。花卉小组成员在住房和城乡建设局园林绿化所的指导下，开展花带翻新、品种更换、花木修剪工作；监督小组引导居民规范停车。

选准"领头雁"。逐步形成"楼长带头、全民参与、合力共建"的良好局面，群众主动参与"共建"。在实施楼栋刷白维护项目过程中，社区负责购买材料，并安排一名专业人士指导，居民自带工具，共同参与楼栋杂物清理、楼栋刷白工作。该项目预算资金10万余元，居民投工投劳占总造价的51%，节省了人工费5万余元。

社区休闲广场

"政、企、民"同题共答,共同推动民生保障项目

采取逐户上门等方式,收集并协调居民意见,同时也借此机会加大宣传力度,争取居民对"转改直"工程的支持。引导"政、企、民"同频共振、同题共答,经过多轮社区议事、交流协商,达成"政府出一点儿、企业出一点儿、居民出一点儿"的共识,保障项目资金,顺利启动建机宿舍"转改直"电力改造工程。

为解决社区内新能源汽车充电难问题,相关部门联合社区、国网供电公司工作人员多次进行现场踏勘,与居民协商明确建设点位,全力推进建设工作。目前已有24套新能源汽车充电桩投入使用。

新能源汽车充电桩建设

6.7 青龙社区

概况

青龙社区位于咸宁市咸安区煤机大道南侧，社区面积为 65 公顷，社区总户数为 1520 户，总人口为 3044 人。社区内环境、服务设施、活动场地已完成更新、亮化，水、电、路、气、停车充电、卫生设施、无障碍设施等配建设施布置情况有很大改观，完整社区建设起步条件较为优越。

规划亮点

青龙社区充分运用共同缔造的理念，按照"小规大、散规整，改造一片、优化一片"的思路，通过连片改造推动社区微更新；充分利用闲置资源，将青龙山公园旧址打造成为集生态康养于一体的园区、体育中心，完善服务功能；通过科技赋能统筹设计，实现智慧物业管理，为居民提供了更宜居的环境和更高品质的生活。

社区墙绘

青龙社区内有党群服务中心（建筑面积约 800 平方米）、青龙社区幼儿园、托儿所、2个养老服务中心及 1 个老年护理院等公共服务设施，基本可以满足周边居民养老托幼的需求。社区范围内有多个便利店、超市（武商量贩店、乐尔乐生活超市），设有菜市场、药店、理发店、快递站等多处便民商业网点，其中有 5 个菜鸟驿站站点，商业服务设施齐全，符合"15 分钟生活圈"服务半径。有 6 个篮球场、2 个门球场、1 个足球场等体育休闲场地。社区地面停车位为 1410 个，大部分小区有内部划线的机动车停车位，停车位供求关系较为紧张，亟须进行布局优化。

青龙社区规划范围

短板和措施

居民诉求

希望借助创建完整社区的契机，进一步完善"15分钟便民服务圈"，配套公共服务设施，提高生活便利度和居民幸福感。

非机动车停车棚缺少充电设施

休闲体育场地荒废无法使用

小区门卫快递室缺少快递储物架

社区缺乏休闲区域

社区大门需要整修

社区短板

试点内容	社区体检发现的主要问题	试点工作主要内容
完善社区服务设施	缺乏全年龄段人群活动场地	设置图书馆、社区食堂、日间照料中心、老年服务站、养生保健等设施，充分满足居民生活及文娱需求
	缺乏智能快递箱	推进智能快递柜建设投放工作，解决群众取件难的问题
	缺乏停车位、充电设施	增设划线停车位，完善停车功能，预留充电基础设施安装条件，增设新能源车充电设施，满足社区居民的停车、充电需求
	缺乏无障碍设施	设置无障碍停车位、无障碍通道及扶手，满足残疾人的日常出行需求
打造宜居生活环境	公共活动空间缺乏、标准不高	改造现有公共活动空间，增设儿童娱乐设施、休憩座椅等设施，建设符合居民需要的共享空间
		利用沿河步道和现有街巷道路人行道，改造成慢行步道
推进数字化服务	智能化建设缺乏	接入社区智慧管理服务平台，建设社区感知设施及其他智能化设施
健全社区治理机制	社区公益活动缺乏	平台以公益积分形式记录志愿者的服务轨迹，志愿者获得积分后可到线上商城兑换指定的产品和服务

社区步道需要维护

公共空间被围墙分割

经验做法

完善社区服务设施，公共空间功能升级

青龙社区结合社区体检结果，以居民需求为导向，补齐民生短板，提升社区品质。翻新及整治管线 4000 米，实现雨污分流，解决社区内市政管网堵塞及漏损问题。施划停车位 100 个，新建 3 个电动两轮车充电棚、1 个汽车充电桩、2 处晾晒区，安装 45 套体育器材，利用闲置资源建设 450 平方米的党群服务中心等；对街巷风貌进行整治，提升改造房前屋后庭院，引进物业管理；结合青龙山公园旧址打造生态康养一体的园区、体育中心，依托省煤机公司旧址，建设文化娱乐街区。

社区休闲区域

社区大门

社区步道

社区共享花园

科技赋能统筹设计，实现智慧物业管理

青龙社区依托智慧化试点资源，进行片区化设计建设，实现智慧管理。智慧试点小区增设监控子系统、车辆道闸系统、Wi-Fi嗅探系统、周界系统、信息发布系统，进行后台数据整合，录入人脸识别系统，补全安全短板。如祥和苑小区通过业主委员会引进安苑物业公司，安装门禁2处，设置监控24处，配备保安保洁8名，对小区实施全天候、全时段、全方位管理，提高综合服务水平。借助可视化成果，形成实时、敏捷、长效的管理机制，真正做到小区"底数清、情况明"，为居民的安全、便捷生活提供有力保障。

居民联合物业修建树枝

智慧监控系统

人脸识别门禁

智能快递柜

6.8 风光社区

概况

随州市风光社区建成于 2020 年 2 月，面积为 2.2 平方千米，总建筑面积为 200 万平方米，有居民楼 308 栋，已入住 9475 户，共 2 万余人，辖翠山蓝天、云山竹语、府河琴韵、南山叠翠 4 大苑区及凤凰新天地等 3 个商业街。

规划亮点

作为一个大型城市社区，风光社区整合社区、业委会、物业公司办公用房和小区公共服务用房等资源，以碧桂园小区为基础推进完整社区建设工作，参照《完整居住社区建设标准（试行）》标准和要求打造"一中心多站点"服务平台，积极构建社区"15 分钟生活圈"。

"15 分钟生活圈"示意图

对标对表，结合居民需求补短板

按照相关文件标准规范以及政策要求，社区整合各方资源打造"一中心多站点"服务平台，在完整社区建设中，聚焦"一老一小"服务设施短板，按照宜建则建、宜改则改的原则，坚持改造和新建相结合，构建"15分钟生活圈"，共建美好风光、幸福生活共同体。

社区短板

试点内容	社区体检发现的主要问题	试点工作主要内容
完善社区服务设施	缺乏"一老一小"服务阵地	高标准打造养老服务综合体和青少年活动中心，提供丰富的个性化和标准化服务
	缺乏全年龄段人群活动场地	建设邻里中心，科学设置图书馆、健身房、舞蹈室等功能空间，充分满足居民文娱需求
打造宜居生活环境	缺乏公共活动空间且标准不高	以微更新带动微改造，因地制宜改造架空层、公共空地等，建设符合居民需要的共享空间
推进数字化服务	缺乏信息平台	推广"凤凰汇"APP、社区公众号等线上平台，普及使用
	缺乏智能化建设	持续更新智能设备，实现全方位覆盖
健全社区治理机制	多方管理主体缺乏沟通	积极探索多方联动模式，力求协同治理
	党建参与不够立体、不够主动	持续擦亮"党建引领乐享风光"品牌

建设情况

统筹资源，完善基础设施优服务

一个中心：党群服务中心总面积达 3600 平方米，共三层，包含群众服务大厅、社区康养中心、红色物业中心、风光汇微展馆、党群之家、妇女之家、乐享书房、健身房、舞蹈室、新时代文明实践站等共享活动区。

两大平台：依托邻里中心建设"一老一小"综合服务平台，青少年活动中心占地面积约 220 平方米，科学设置青少年之家、儿童议事厅、应急体验馆，动静分区，开展青少年儿童课后托管、心理辅导、兴趣小组等综合服务。养老服务综合体占地面积约 2000 平方米，总投资约 560 余万元，打造集休闲、娱乐、健身、文化、学习于一体的医养结合空间，设置了老年人日间照料中心、康复室、社区食堂（老年人配餐）等空间。

群众服务大厅

风光汇微展馆

青少年活动中心

养老综合服务体

N个站点：聚焦居民所需所盼，采取"一中心多站点"模式，社区在各个苑区利用物业用房、楼栋架空层、公共空地等资源进行微更新、微改造，着力美化公共空间，持续建设居民休闲娱乐文化阵地，打造小而精的实用型共享活动站点（如社区会客厅、图书室等），充分满足了居民的公共活动需求。

社区会客厅

图书室

因地制宜，推进社区空间微更新

社区翻新8处架空层，新建4个红色驿站，利用闲置空地打造口袋公园，适度改造户外广场、游园，加强街区、楼道治理，提升公共空间美感，加装健身器材，推进社区适老化、适儿化改造，将公共活动空间与住宅的慢行系统及城市的慢行系统相衔接，结合城市更新建设，邀请天然气公司对辖区天然气老旧管网安全设施进行改造，全方位营造以邻为伴、与邻为善、全龄友好、安全健康的生活环境。

改造后的户外游乐场

数字赋能，科技助推服务上台阶

依托"凤凰会"APP、"乐享风光"公众号等线上平台，为居民提供生活代缴费、网上购物、物业报修、家政服务、意见投诉、政策了解等功能，让居民能够完整体验高效实用的社区党群服务和温馨快捷的保姆式物业服务，进一步促进基层治理"线上线下"模式在为民服务中的融合发展。

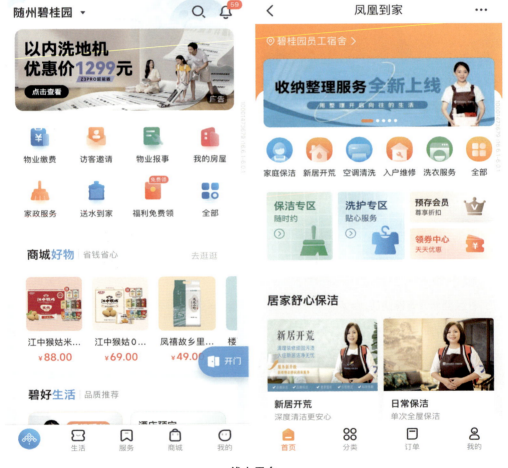

线上平台

全社区的 308 个楼栋实现了水、电、气、路、信等基础设施全覆盖，小区内共有安防摄像头 1779 个、门岗 16 处、门禁 190 处，建立网格员、红色管家联动工作机制，以"五微"工作法为居民提供数字化、智能化、精细化的管理和服务。

改造后的架空层

社区共享休闲广场

智能消防系统监测站

数字监控平台

"问题 + 民意 + 目标" 开展社区体检

查找社区短板问题

在完整社区建设之初,可通过体检的方式,系统梳理社区现状问题,了解居民实际诉求,确立提升社区宜居性和居民满意度的总体目标,为完整社区建设工作奠定基础。

体检方式

在体检过程中,社区积极进行问卷调查、召开座谈会、现场调研等活动,面向居民及所辖单位相关人员收集社区改造诉求,按照完整社区建设标准的相关要求,从住房、小区、社区三个层面构建体检指标体系,系统摸排社区实际问题,进而有针对性地确定完整社区试点建设的重点内容。

社区基础服务设施分布

全年龄服务，突显完整社区功能保障

夯实综合服务阵地

社区综合服务设施是满足居民生活需求的重要承载地。可结合城市更新、市域治理现代化等重点工作，以社区综合服务设施为主体，专项服务设施为配套，服务网点为补充，优化城乡社区服务设施布局。

丰富便民服务业态

便民服务业态是完整社区建设的关键要素。可结合"15分钟生活圈"建设工程，以社区为圆心，以15分钟慢行距离为半径，合理配备购物、医疗、教育、娱乐、家政等便民服务载体，"一站式"满足居民"家门口"的幸福。

便民服务设施

"一碗汤"距离,原居颐养更暖心

老年居民,特别是高龄、空巢、失能老年人成为完整社区建设聚焦的主要群体。可围绕"原居颐养"目标,依托街道(重点乡镇)综合为老服务中心和社区日间照料中心等服务载体,为老年居民提供"床边、家边、周边"全覆盖的养老服务。

"一米高"关爱,儿童成长更安心

儿童是国家和民族的未来,完整社区建设离不开"一米高"的儿童视角。依托社区党群服务中心的阵地优势,从儿童视角出发,充分考虑各年龄段儿童的空间需求和活动特征,统筹布局"室内+户外+路径"三大空间体系,确保所有儿童的安全与可及性,促进儿童及其家庭的社区参与和互动,尽力满足社区儿童"玩耍娱乐、科普教育、亲子互动"等需求。

全年龄服务

在环境保障中提升居民获得感

物理环境方面

完整社区建设注重不断提升社区的宜居程度，着力解决社区规模不合理、设施不适配、公共空间不友好、环境不优美、物业服务覆盖面积不足等问题。首先，强调保障居民在步行范围内拥有完备的设施环境，对幼儿园、托儿所（托育设施）、老年服务站、社区卫生服务站等社区综合服务设施都提出了标准的规范性要求。其次，努力营造全龄友好的居住环境，着重关注"一老一小"群体，确保社区生活空间安全、健康，不断推进公共设施适老化、适儿化改造。此外，对物业服务也提出要求，鼓励建立物业管理服务平台，运用"互联网+社区"的服务模式，促进智能技术对接居民实际生活，实现社区服务精准、高效。

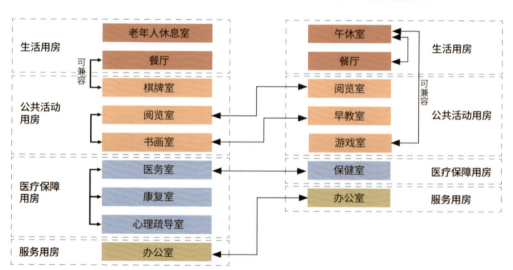

"一老一小"功能空间

社区建设过程方面

完整社区建设意味着充分考虑社区实际与地方特色，着力改进社区建设中过分注重硬件和宏观指标相统一，对当地居民人口结构、经济背景和地方文化特点考虑不足的问题。一方面，关注"一老一小"，根据社区不同年龄段居民的人口规模，配备相契合的幼儿园、托儿所和老年服务站。另一方面，以满足社区居民精神文化需求为出发点和落脚点，推进社区文化建设，定期开展体现当地特色文化的社区活动，凝聚社区共识。

"一老一小"服务设施建设

6.9 先锋营小区

构建工作框架，完善完整社区试点

通过成立党支部和居民自治小组，结合群众参与，先锋营小区对社区的环境设施品质进行了改造提升，形成了完整的社区工作框架。

居民代表议事会

健全相关标准体系，丰富实施机制

采用"六有""五达标""三完善""一公约"的指标体系，要求至少有一处综合服务站、一个幼儿园、一个公交站点、一片公共活动区、一套完善的市政设施、一套便捷的慢行系统；要求外观整治达标、公园绿地达标、道路建设达标、市政管理达标、环境卫生达标；要求有完善的组织队伍、完善的社区服务、完善的共建机制；要求制订形成社区居民公约。

社区食堂

政府社会机构合作，引导公众参与

通过创新活动载体，完善激励机制，建立典型示范，有效地发动和吸引群众参与。

改造公共空间，满足人群需要

将鹭江剧场旧址改造成为具有文化特色的社区公园，最大限度地把广场空间留给周边居民进行活动。

社区垃圾分类设施及志愿者

挖掘存量资源，建设综合服务站

社区关爱中心是一个政府、社区、社会组织和高校"四合一"的专业社会工作平台，其中社区和社会组织是关爱中心社会工作平台建设的主要方法。辖区老年人、儿童等弱势群体可享受关爱中心提供的各项社会服务。

鹭江剧场文化公园

6.10 杨基塘社区

概况

杨基塘社区已建有的配套设施包含约2000平方米的社区党群服务中心、约200平方米的托儿所、一所幼儿园、约100平方米的社区卫生服务站、一座约300平方米的文化礼堂、一处残疾人之家，综合超市、菜市场、便利店、药店、快递站、维修点、理发店、洗衣店、家政服务网点均满足居民日常生活需求。

社区短板

老年服务站缺失，公共活动空间紧张；人车未分流存隐患，停车位不足，路灯照明不全；社区办公场地和设施不足，无法满足需求；未实现雨污分流，人均绿化面积不达标。

健身广场

麻城肉糕巷改造后

实践经验

配齐周边公园设施，营造共享空间

由网格长、楼栋长和积极群众通过开湾组会、逐户夜访等方式征求群众意见，采取"见缝插绿、拆墙透绿"方式，将原有菜地、违建板房转变为文娱区、健身区、风景区。

邻里中心

增加党群服务站点，健全治理空间

以"幸福客厅""阳光小屋"、5G 工作站为基点，将妇联家调委、社区党群服务、志愿者服务、帮办代办、托幼服务等功能整合到一起。

社区食堂

共建宜居空间

以"15 分钟生活圈"为目标，采用"低偿＋公益"的运营方式，建立集公益快剪、健康问诊、亲子活动等功能为一体的"幸福驿站"。

幸福驿站

第3部分

探索篇

THE EXPLORATION PART

建设标准
场景营造
社区规划工具箱

7

建设标准
CONSTRUCTION STANDARD

7.1 建设要求

居民步行适宜范围内有完善的基本公共服务设施、健全的便民商业服务设施、完备的市政配套基础设施、充足的公共活动空间、全覆盖的物业管理和健全的社区管理机制，且居民归属感、认同感较强。

基本公共服务设施完善：包括一个社区综合服务站、一个幼儿园、一个托儿所、一个老年服务站和一个社区卫生服务站。

便民商业服务设施健全：包括一个综合超市、多个邮件和快件寄递服务设施及其他便民商业网点。

市政配套基础设施完备：包括水、电路、气、热、信等设施，停车及充电设施，慢行系统，无障碍设施和环境卫生设施。

公共活动空间充足：包括公共活动场地和公共绿地。

物业管理全覆盖：包括物业服务和物业管理服务平台。

社区管理机制健全：包括管理机制、综合管理服务和社区文化。

探索篇 / 195
7 建设标准

社区配套设施

7.2 规模标准

完整社区规模标准

各地应根据儿童、老年人等社区居民的步行能力、基本服务设施的服务能力及社区综合管理能力等，合理确定完整社区的规模。以居民步行 5~10 分钟到达幼儿园、老年服务站等社区基本公共服务设施为原则，以城市道路网、自然地形地貌和现状居住小区等为基础，以建设服务站等社区基本公共服务设施为原则，整个居住社区以 5000~12000 人口规模为宜。

步行时间：5~10 分钟
5~10 分钟内步行可达各类社区服务设施

步行距离：300~500 米
社区空间尺度与城市路网结构相匹配

常住人口：5000~12000 人
居民有相同的文化认同感

公交距离：1 站
公交车 1 站可便捷到达

完整社区规模

根据联合国儿童基金会发布的数据，0~6岁儿童步行活动距离在 200 米以内，6~12 岁儿童步行活动距离在 400 米以内。

儿童步行到达基础教育设施、便利店、户外活动场地的时间不宜超过 10 分钟。

儿童社区日常活动轨迹

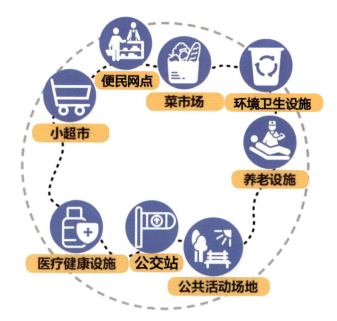

老年人社区日常活动轨迹

老年人步行速度、耐力和范围随着身体机能衰退而有所下降，步行到达居住社区养老设施、医疗设施、小超市、菜市场、公共活动场地的时间不宜超过 10 分钟。

完整社区建设单元划分

分割建设： 若社区人口数、用地规模、设施超出完整社区要求，单个社区单元需要分割为多个完整社区建设单元，按照分割建设型建设完整社区。

独立建设： 当社区单元的未来人口及土地资源充足时，单个社区单元即可独立建设成为完整社区，此时社区单元即完整社区，因此是"15分钟生活圈"的构成单元。

共同建设： 当社区单元未来人口不足或土地资源短缺时，单个社区单元无法独立建设成为完整社区，因此要由多个社区单元共同建设成为完整社区，此时社区单元是完整社区的构成单元，也是组成"15分钟生活圈"的最基本单元。

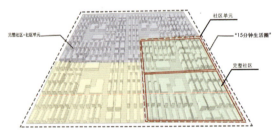

分割建设型完整社区建设单元概念图
（图片来源：大冶市完整社区建设规划，2023）

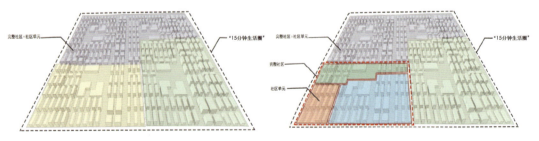

独立建设完整社区空间概念图
（图片来源：大冶市完整社区建设规划，2023）

共同建设完整社区空间概念图
（图片来源：大冶市完整社区建设规划，2023）

优化调整建议

结合社区设施现状方位，对于位置居中、规模适宜的设施，多个社区可考虑作为一个完整社区空间单元，共享该设施，综合考虑社区现状人口和预测人口规模、步行时间、步行距离、公交距离、空间单元规模和人口密度判断社区单元调整方向。由于既有社区、新建社区建设尺度不一样，因此，完整社区单元建设适宜规模也有所差别。

优化调整建议

类型	建设指南对规模界定	三类完整社区建设适宜规模	
		老旧社区	新建社区
步行时间 / 分钟	5~10	5~10	5~10
步行距离 / 米	300~500	200~300	300~500
常住人口 / 人	5000~12000	8000~12000	8000~12000
公交距离 / 站	1	1	1
空间单元规模	—	不大于 50 公顷为宜	50~100 公顷为宜

分割建设完整社区

超出完整社区建设规模要求的社区，可在其原社区的基础上，由本社区分割成多个完整社区建设单元。

分割建设完整社区要求

序号	社区评价结果	人口预测规模 / 人	社区面积
1	基本达标及以上	既有社区不小于 20000 新建社区不小于 20000	既有社区不小于 100 公顷 新建社区不小于 100 公顷
2	不达标	既有社区不小于 20000 新建社区不小于 20000	—
3	不达标	—	既有社区不小于 100 公顷 新建社区不小于 100 公顷

独立建设完整社区

依据相关条件进行判定，符合完整社区独立建设要求的社区，可在其原社区的基础上，由本社区独立申报建设成为完整社区。

独立建设完整社区要求

序号	社区评价结果	人口预测规模 / 人	社区面积
1	基本达标及以上	老旧社区不小于 5000 新建社区不小于 8000 村改社区不小于 5000	—
2	基本达标及以上	老旧社区小于 5000 新建社区小于 8000 村改社区小于 5000	老旧社区不小于 20 公顷 新建社区不小于 50 公顷
3	不达标	老旧社区不小于 5000 新建社区不小于 8000 村改社区不小于 5000	老旧社区不小于 20 公顷 新建社区不小于 50 公顷

共同建设完整社区

若社区人口预测规模及社区面积等条件不满足独立建设的要求，则需要与邻近同样不满足要求的社区进行合作，由多个传统社区共同申报建设完整社区。

共同建设完整社区要求

序号	社区评价结果	人口预测规模 / 人	社区面积
1	基本达标及以上	老旧社区小于 5000 新建社区小于 8000 村改社区小于 5000	老旧社区小于 20 公顷 新建社区小于 50 公顷
2	不达标	—	老旧社区小于 20 公顷 新建社区小于 50 公顷
3	不达标	老旧社区小于 5000 新建社区小于 8000 村改社区小于 5000	老旧社区不小于 20 公顷 新建社区不小于 50 公顷

7.3 建设标准

全国完整社区建设标准

住房和城乡建设部发布的《完整居住社区建设指南》中明确了《完整居住社区建设标准（试行）》包含 6 大类 20 项要素。

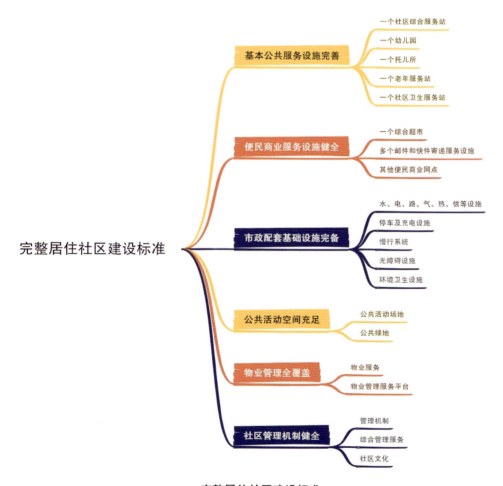

完整居住社区建设标准

全国完整社区建设标准

目标	序号	建设内容	建设要求
基本公共服务设施完善	1	一个社区综合服务站	建筑面积以800平方米为宜，设置社区服务大厅、警务室、社区居委会办公室、居民活动用房、阅览室、党群活动中心等
	2	一个幼儿园	不少于6个班，建筑面积不小于2200平方米，用地面积不小于3500平方米，为3~6岁幼儿提供普惠性学前教育服务
	3	一个托儿所	建筑面积不小于200平方米，为0~3岁婴幼儿提供安全可靠的托育服务。可以结合社区综合服务站、社区卫生服务站、住宅楼、企事业单位办公楼等建设托儿所等婴幼儿照护服务设施
	4	一个老年服务站	与社区综合服务站统筹建设，为老年人、残疾人提供居家日间生活辅助照料、助餐、保健、文化娱乐等服务。具备条件的居住社区，可以建设一个建筑面积不小于350平方米的老年人日间照料中心，为生活不能完全自理的老年人、残疾人提供膳食供应、保健康复、交通接送等日间服务
	5	一个社区卫生服务站	建筑面积不小于120平方米，提供预防、医疗、计生、康复、防疫等服务
便民商业服务设施健全	6	一个综合超市	建筑面积不小于300平方米，提供生鲜、日常生活用品等销售服务。城镇老旧小区等受场地条件约束的既有居住社区，可以建设2~3个50~100平方米的便利店提供相应服务
	7	多个邮件和快件寄递服务设施	建设多组智能信报箱、智能快递箱，提供邮件快件收寄、投递服务，格口数量为社区日均投递量的1~1.3倍。新建居住社区应建设使用面积不小于15平方米的邮政快递末端综合服务站。城镇老旧小区等受场地条件约束的既有居住社区，因地制宜建设邮政快递末端综合服务站
	8	其他便民商业网点	建设理发店、洗衣店、药店、维修点、家政服务网点、餐饮店等便民商业网点
市政配套基础设施完备	9	水、电、路、气、热	建设供水、排水、供电、道路、供气、供热（集中供热地区）、通信等设施，达到设施完好、运行安全、供给稳定等要求，实现光纤入户和多网融合，推动5G网络进社区。建设社区智能安防设施及系统
	10	停车及充电设施	新建居住社区按照不低于1车位/户配建机动车停车位，100%停车位建设充电设施或者预留建设安装条件。既有居住社区统筹空间资源和管理措施，协调解决停车问题，防止乱停车和占用消防通道现象。建设非机动车停车棚、停放架等设施。具备条件的居住社区，建设电动车集中停放和充电场所，并做好消防安全管理
	11	慢行系统	建设连贯各类配套设施、公共活动空间与住宅的慢行系统，与城市慢行系统相衔接。社区居民步行10分钟可以到达公交站点

续表

目标	序号	建设内容	建设要求
市政配套基础设施完备	12	无障碍设施	住宅和公共建筑出入口设置轮椅坡道和扶手，公共活动场地、道路等户外环境建设符合无障碍设计要求。具备条件的居住社区，实施加装电梯等适老化改造。对有条件的服务设施，设置低位服务柜台、信息屏幕显示系统、盲文或有声提示标识和无障碍厕所（厕位）
	13	环境卫生设施	实行生活垃圾分类，设置多处垃圾分类收集点，新建居住社区宜建设一个用地面积不小于120平方米的生活垃圾收集站。建设一个建筑面积不小于30平方米的公共厕所，城镇老旧小区等受场地条件约束的既有居住社区，可以采用集成箱体式公共厕所
公共活动空间充足	14	公共活动场地	至少有一片公共活动场地（含室外综合健身场地），用地面积不小于150平方米，配置健身器材、健身步道、休息座椅等设施以及沙坑等儿童娱乐设施。新建居住社区建设一片不小于800平方米的多功能运动场地，配置5人制足球、篮球、排球、乒乓球、门球等球类场地，在紧急情况下可以转换为应急避难场所。既有居住社区要因地制宜改造宅间绿地、空地等，增加公共活动场地
	15	公共绿地	至少有一片开放的公共绿地。新建居住社区至少建设一个不小于4000平方米的社区游园，设置10%~15%的体育活动场地。既有居住社区应结合边角地、废弃地、闲置地等改造建设"口袋公园""袖珍公园"等。社区公共绿地应配备休憩设施，景观环境优美，体现文化内涵，在紧急情况下可转换为应急避难场所
物业管理全覆盖	16	物业服务	鼓励引入专业化物业服务，暂不具备条件的，通过社区托管、社会组织代管或居民自管等方式，提高物业管理覆盖率。新建居住社区按照不低于物业总建筑面积2‰且不低于50平方米配置物业管理用房，既有居住社区因地制宜配置物业管理用房
	17	物业管理服务平台	建立物业管理服务平台，推动物业服务企业发展线上、线下社区服务业，实现数字化、智能化、精细化管理和服务
社区管理机制健全	18	管理机制	建立"党委领导、政府组织、业主参与、企业服务"的居住社区管理机制。推动城市管理进社区，将城市综合管理服务平台与物业管理服务平台相衔接，提高城市管理覆盖面
	19	综合管理服务	依法、依规查处私搭乱建等违法违规行为。组织引导居民参与社区环境整治、生活垃圾分类等活动
	20	社区文化	举办文化活动，制订发布社区居民公约，营造富有特色的社区文化空间

湖北省完整社区建设要求

湖北省完整社区建设以民政部门确定的社区边界为基础,重点聚焦以居住类型为主的社区,根据社区面积与人口规模,按照 5~10 分钟生活圈范围统筹各类要素建设。

按照社区建成时间,将完整社区划分为新建社区和既有社区,两类社区按照不同重点开展完整社区建设。

新建社区是指建成时间相对较近或正在建设,并且各项功能相对完善的社区,该类社区以服务青年人和新市民为重点,重点引导建设创新创业、全民学习、文化休闲、绿色低碳场景,主要建设方向为三个"完善"。

一是完善建设标准,在完整社区"6 类 20 项"建设标准基础上,结合青年发展型和老年友好型城市建设,因地制宜开展邻里、教育、健康、创业、建筑、交通、低碳、服务和治理九类社区场景营造。

二是完善规划管理,在市、县城区范围内科学划分完整社区,明确按片区推进完整社区建设的总体安排和年度计划,同步按照运营、数字、艺术前置要求开展项目策划,落实"策划、投资、规划、建设、运营"闭环管理。

三是完善数字赋能,加强智慧终端建设,鼓励物业企业搭建服务平台,为居民提供安全、高效、便捷的智慧化服务。

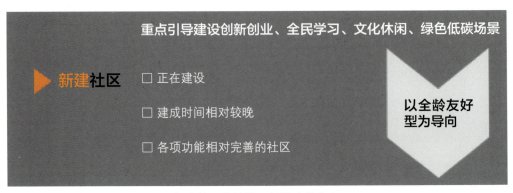

新建社区完整社区场景建设方向

探索篇 / 205
7 建设标准

创新创业场景

◆ 1 个标配场景
就业创新服务中心

◆ N 个选配场景
人才公寓
交流场所
青年之家
双创空间
……

文化休闲场景

◆ 2 个标配场景
公共活动场地
公共绿地

◆ N 个选配场景
多功能运动场地
社区游园
文化活动中心
全民健身中心
……

全民学习场景

◆ 2 个标配场景
托儿所
幼儿园

◆ N 个选配场景
小学
初中
一站式社区学院
……

绿色低碳场景

◆ 2 个标配场景
绿色建筑
慢行系统

◆ N 个选配场景
光伏设施
多能源供热系统
智慧节能系统
……

既有社区是指建成于2000年以前，失养、失修、失管、市政配套设施不完善，社区服务设施不健全，居民改造意愿强烈的社区，该类社区以服务老年人和儿童为重点，重点引导建设公共服务、邻里生活、健康医疗、城市安全场景，主要建设方向为三个"推动"。

一是重点推动社区楼道、环境和管理水平的提升，明确既有社区"补短板强功能"建设内容，优先解决水、电、气、路问题和整治安全隐患，电梯加装，停车场建设，无障碍设施，公共活动场地等基础性需求，在不影响居民住宅采光、通风和消防安全的前提下，推广建设社区盒子，有序补齐四点半学堂、社区娱乐室、居民议事平台、无人售卖、充电服务站、社区幸福食堂等功能短板，盒子主体结构为钢结构，采用2个或3个单元组装，自重不大于7吨，灵活设置在社区空地。

二是拓展投融资渠道，采取"平台+市场化"的方式拓展投融资渠道，建立"政府统筹+平台支撑+市场运作"的运营管理体系。

三是推动共同缔造，建立党委领导、政府组织、居民参与、企业服务的机制。

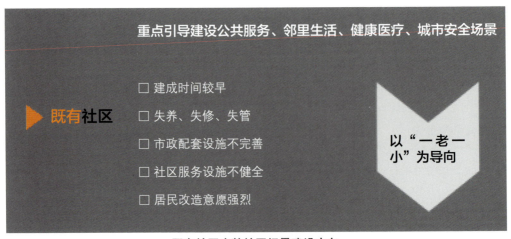

既有社区完整社区场景建设方向

探索篇 / 207
7 建设标准

◆ 2个标配场景
老年服务站
卫生服务站

◆ N个选配场景
老年康养中心
儿童健康管理中心
社区残疾人康复站
……

健康医疗场景

◆ 4个标配场景
社区综治（网格）中心
微型消防站
社区警务室
电动摩托车停车及充电设施

◆ N个选配场景
应急服务站
智慧安防系统
……

城市安全场景

◆ 4个标配场景
社区党群活动中心
社区服务大厅
物业服务
物业管理服务平台

◆ N个选配场景
社区综合体
共同缔造工作坊
……

公共服务场景

◆ 6个标配场景
综合超市
便民商业网点
机动车停车位
快递末端服务点
市政基础设施
无障碍设施

◆ N个选配场景
社区盒子
社区食堂
智慧通行系统
智慧生活系统
……

邻里生活场景

湖北省完整社区建设要求综合考虑了5~10分钟社区生活圈公共服务设施共建共享内容、老旧小区品质提升方向和设施的落地性问题，在住房和城乡建设部发布的《完整居住社区建设标准（试行）》的基础上，增加了街区统筹设施、选配设施、建筑面积要求和社区场景建设引导内容。

宜昌市社区盒子

湖北省完整社区建设标准

目标	序号	建设内容	配建要求	建筑面积要求	场景名称
基本公共服务设施完善	1	一个社区综合服务站	社区服务大厅	不小于800平方米	公共服务场景
			社区党群活动中心		公共服务场景
			警务室		城市安全场景
			社区综治（网格）中心		城市安全场景
			文体活动室		文化休闲场景
			就业创新服务中心		创业就业场景
	2	一个幼儿园	不少于6个班，用地面积不小于3500平方米，为3~6岁幼儿提供普惠性学前教育服务	不小于2200平方米	全民学习场景
	3	一个托儿所	为0~3岁婴幼儿提供安全可靠的托育服务。可以结合社区综合服务站、社区卫生服务站、住宅楼、企事业单位办公楼等统筹建设	不小于200平方米	全民学习场景
	4	一个老年服务站	与社区综合服务站统筹建设，为老年人、残疾人提供居家日间生活辅助照料、助餐、保健、文化娱乐等服务	不小于350平方米	健康医疗场景

续表

目标	序号	建设内容	配建要求	建筑面积要求	场景名称
基本公共服务设施完善	5	一个社区卫生服务站	提供预防、医疗、计生、保健、康复、防疫、健康教育等服务	不小于120平方米	健康医疗场景
		街区统筹，因地制宜建设一站式社区学院、老年人日间照料中心、青年之家、初中、小学、全民健身中心、文化活动中心			选配场景
便民商业服务设施健全	6	一个综合超市	提供生鲜、日常生活用品等销售服务。城镇老旧小区等受场地条件约束的既有居住社区，可以建设2~3个50~100平方米的便利店提供相应服务	不小于300平方米	邻里生活场景
	7	快递末端综合服务点	建设智能信报箱、智能快递箱，提供邮政快递收寄、投递服务	不小于15平方米	邻里生活场景
	8	便民商业网点	建设理发店、洗衣店、药店、维修点、家政服务、餐饮店、宠物服务等便民商业网点	—	邻里生活场景
		因地制宜建设社区盒子、社区食堂、菜市场、人才公寓、交流场所、智慧生活系统			选配场景
市政配套基础设施完备	9	基础设施	水、电、路、气、热、信等改造提升	—	邻里生活场景
			公共厕所	—	邻里生活场景
			垃圾分类收集点（站）	—	邻里生活场景
			微型消防站	不小于350平方米	城市安全场景
	10	停车及充电设施	机动车停车位	—	邻里生活场景
			电动摩托车停车及充电设施	—	城市安全场景
	11	慢行系统	建设连贯各类配套设施、公共活动空间与住宅的慢行系统，与城市慢行系统相衔接	—	绿色低碳场景
			社区居民步行10分钟可以到达公交站点	—	
	12	无障碍设施	住宅和公共建筑出入口设置轮椅坡道和扶手，公共活动场地、道路等户外环境建设符合无障碍设计要求。具备条件的社区实施加装电梯等适老化改造	—	邻里生活场景
	13	绿色建筑	星级绿色建筑占新建建筑面积比例达到30%以上，形成绿色宜居的建成环境和与场地地形相契合的建筑风貌	—	绿色低碳场景
		因地制宜建设应急服务站、智慧安防系统、智慧通行系统、智慧节能系统			选配场景

续表

目标	序号	建设内容	配建要求	建筑面积要求	场景名称
公共活动空间充足	14	公共活动场地	至少有一片公共活动场地（含室外综合健身场地），配置健身器材、健身步道、休息座椅等设施以及沙坑等儿童娱乐设施，在紧急情况下可以转换为应急避难场所。既有社区要因地制宜改造宅间绿地、空地等，增加公共活动场地	不小于150平方米	文化休闲场景
	15	公共绿地	至少有一片开放的公共绿地，配备休憩设施，体现文化内涵，在紧急情况下可转换为应急避难场所。既有社区应结合边角地、废弃地、闲置地等改造建设"口袋公园""袖珍公园"	不小于1000平方米	文化休闲场景
			因地制宜建设多功能运动场地、社区游园		选配场景
物业管理全覆盖	16	物业服务	鼓励引入专业化物业服务，暂不具备条件的，通过社区托管、社会组织代管或居民自管等方式，提高专业化物业服务覆盖率	不低于物业总建筑面积2‰	公共服务场景
	17	物业管理服务平台	建立物业管理服务平台，推动物业服务企业发展线上、线下社区服务业	—	公共服务场景
社区管理机制健全	18	管理机制	建立"党委领导、政府组织、业主参与、企业服务"的社区管理机制。推动城市管理进社区，将城市综合管理服务平台与物业管理服务平台相衔接，提高城市管理覆盖面	—	公共服务场景
	19	综合管理服务	依法、依规查处私搭乱建等违法违规行为	—	公共服务场景
			组织引导居民参与社区环境整治、生活垃圾分类等活动		
	20	社区文化	举办文化活动，制订发布社区居民公约，营造富有特色的社区文化	—	公共服务场景
			因地制宜建设共同缔造工作坊		选配场景

8

场景营造
CHARACTERISTIC SCENE DESIGN

8.1 创新创业场景

标配场景

就业创新服务中心

■ 建设要求

功能：就业创新服务中心。

面积：建筑面积不小于 100 平方米。

级别：社区级。

■ 建设图集

就业创新服务中心示意图

选配场景

因地制宜配建人才公寓、时尚潮流交流场所（网红店、咖啡店、烘焙店、酒吧、茶室、青年之家等）。

■ 建设图集

人才公寓

时尚潮流交流场所

青年之家

8.2 全民学习场景

标配场景

托儿所

■ 建设要求

功能：生活用房（乳儿班单元、托儿班单元、服务管理用房、附属用房、交通空间）、室外活动场地。

面积：建筑面积不小于 200 平方米。

级别：社区级。

托儿所

■ 建设图集

托育园

幼儿园

■ **建设要求**

功能：生活用房（活动室、寝室、卫生间、衣帽储藏间等）、服务管理用房（晨检室、观察室、值班室、警卫室、办公室、会议室等）、供应用房（厨房、消毒室、洗衣间、开水间、车库等）。

面积：建筑面积不小于3500平方米。

级别：社区级。

幼儿园

■ **建设图集**

幼儿园生活用房

室外活动场地

选配场景

因地制宜建设小学、初中和一站式社区学院(社区书屋、社区托育、家庭教育、老年学堂)等。

岳湾路小学

家庭教育

社区书屋

社区托幼

老年学堂

宜昌市十六中

8.3 绿色低碳场景

标配场景

绿色建筑

■ 建设要求

通过建设光伏屋顶、立体绿化等方式,局部提升社区碳中和水平;或者在规划阶段融入低碳理念,推行以低碳建筑等方式进行系统化建设。建筑面积 2 万平方米及以上的大型公共建筑宜按不低于二星级绿色建筑标准要求建设。

■ 建设图集

光伏屋顶

屋顶花园 1

屋顶运动场

屋顶花园 2

节能建筑

建筑主体绿化

慢行系统

■ 建设要求

慢行系统需与城市慢行步道相连。为保证该慢行系统的效率，流线设置需满足居民步行10分钟可到达周边公交站点。

慢行系统的规划需加强与各类公共服务设施的连接。此外还需完善道路家具的设置，沿路放置休憩座椅、垃圾箱、指示牌和警示标志等设施。

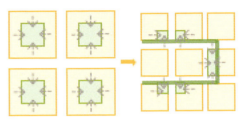

慢行系统平面图

■ 建设图集

公园绿地　　　　　休憩座椅　　　　　防滑铺装

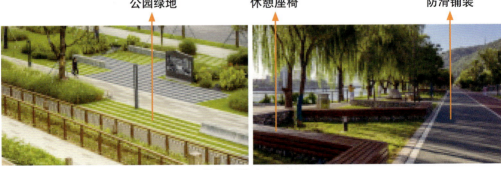

慢行系统建设示例

垃圾分类收集点（站）

■ 建设要求

功能：具备生活垃圾收集及再生资源回收利用等功能。

面积：占地面积不小于 120 平方米。

级别：社区级。

■ 建设图集

垃圾分类收集点分布

垃圾站

垃圾分类收集点

选配场景

因地制宜建设光伏设施、多能源供热系统、智慧能源平台等。

■ 建设图集

光伏设施

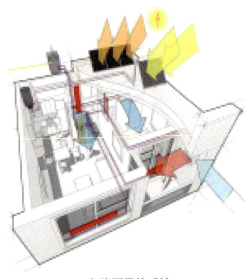

多能源供热系统

智慧能源平台

8.4 文化休闲场景

标配场景

公共活动场地

■ 建设要求

功能：配备至少 5 种以上可健身的室外场地设施。

面积：占地面积不小于 150 平方米。

级别：社区级。

■ 建设图集

社区多功能运动场地

社区长廊

公共绿地

■ 建设要求

功能：公共绿地应具有良好的空间环境品质，与城市风貌及周边环境相协调，彰显城市和社区的文化内涵。宜通过慢行系统与城市综合公园、专类公园等绿地相衔接，形成连续的城市绿地系统。鼓励在养老设施、社区卫生站周边布置以康体运动场地为主的小微绿地，在托幼设施附近布置以儿童游戏场地为主的社区游园。

面积：占地面积不小于 4000 平方米。

级别：社区级。

公园绿地

■ 建设图集

专类公园

慢行系统与城市绿地

选配场景

鼓励因地制宜建设多功能运动场地、社区游园、全民健身中心、文化活动中心等。

■ 建设图集

多功能运动场地

社区游园

全民健身中心

文化活动中心

8.5 健康医疗场景

标配场景

老年服务站

■ 建设要求

功能：由专业机构承接运营，具备老年人康复娱乐、餐饮、医疗保健、心理疏导等功能。

面积：根据《城市居住区规划设计标准》（GB 50180—2018）的要求，建筑面积不小于3500平方米。

级别：社区级。

老年服务站

■ 建设图集

老年人室外活动场所

老年医疗保健场所

老年娱乐活动场所

社区卫生服务站

■ 建设要求

功能：具备全科诊室、治疗室、康复室、处置室、基本公共卫生服务室、药房等功能空间。

面积：建筑面积不小于150平方米。

级别：社区级。

社区卫生服务站

■ 建设图集

治疗室

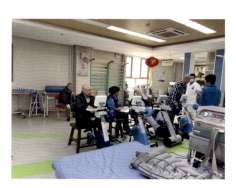

康复室

家庭医生工作室

选配场景

因地制宜建设老年康养中心、妇女儿童家庭幸福驿站、社区残疾人康复站等。

■ 建设图集

养老服务中心

妇女儿童家庭幸福驿站

社区残疾人康复站

8.6　公共服务场景

标配场景

社区党群活动中心

■ 建设要求

功能：集党建活动、党务咨询、群众议事、民生服务、娱乐教育于一体的综合性服务设施。设置一站式的服务前台、休息区、等候区、咨询公示区、协商议事厅、信访维稳室、志愿者休息区、党建文化区等空间。

■ 建设图集

协商议事厅

休息区

服务区

党建文化区

社区服务大厅

■ 建设要求

功能：提供事务受理、社会救助、就业指导、法律咨询、信访接待等服务，设置自助受理机、综合事务受理台、协商议事空间。

■ 建设图集

自助受理机

综合事务受理台

协商议事空间

探索篇 / 229
8 场景营造

物业服务

■ 建设要求

由物业牵头，政府支持，没有业委会的社区成立业委会。通过成立业委会或物管会，推进小区管理由"代民作主"向"由民作主"转化。社区居委会应协助小区成立业委会和物业公司等。

应根据社区实际情况，合理配套物业用房等公共服务性场所，增强小区服务功能。对小区原有物业服务用房挪作他用的，恢复其原有用途。

有条件新建物业服务用房的老旧小区，应经有利害关系的业主同意，由业主委员会或业主自治小组提出，经自然资源和规划部门审批同意，方可增设。

无条件新建物业服务用房的老旧小区可结合闲置公有建筑或通过租赁居民闲置住房等方式实现，提高利用效率。

新建物业服务用房建筑面积应符合相关规定，在外观样式上应与小区整体建筑风格一致，且应具备水、电、采光、通风等正常使用功能。

■ 建设图集

物业服务设施

物业管理服务平台

■ 建设要求

鼓励运用互联网、大数据、人工智能等技术,建设物业管理服务平台,在公共服务、商业服务、设备管理、安防管理等方面提供智能、便捷的服务内容。

■ 建设图集

物业管理服务平台

选配场景

因地制宜建设共同缔造工作坊、社区综合体等。

■ 建设图集

共同缔造工作坊

社区综合体

8.7 城市安全场景

标配场景

社区综合治理（网格）中心

■ 建设要求

功能：由专业机构承接运营，具备老年人康复、娱乐、餐饮、医疗保健、心理疏导等功能。

面积：根据《城市居住区规划设计标准》（GB 50180—2018）的要求，建筑面积不小于3500平方米。

级别：社区级。

■ 建设图集

社区综合治理（网格）中心示意图

伍家岗八一路社区的社区综合治理（网格）中心　　　夷陵区绿洲社区的社区社区综合治理（网格）中心

微型消防站

■ 建设要求

功能：根据扑救本社区初起火灾的需要，配备消防摩托车和灭火器、水枪、水带等基本灭火器材和个人防护装备，具备条件的可选配小型消防车。

面积：建筑面积不小于35平方米。

级别：社区级。

■ 建设图集

微型消防站消防车

微型消防站器材

微型消防站消防物资柜

社区警务室

■ 建设要求

功能：可与矛盾纠纷调处室、社区律师工作室、心理咨询室、协商议事室等共用，配备重点部位监控显示屏、心理疏导器材等必要设施设备。

面积：建筑面积不小于15平方米。

级别：社区级。

■ 建设图集

社区警务室示意图

东山花园社区警务室

电动摩托车停车及充电设施

■ 建设要求

功能：供电系统、充电系统、监控系统、电能计量、行车道、停车位、安全要求、标志和标识。

面积：每处占地 2 米 ×8 米。

级别：小区级。

■ 建设图集

电动摩托车停车及充电桩示意图

选配场景

因地制宜建设派出所、应急服务站、智能安防系统等。

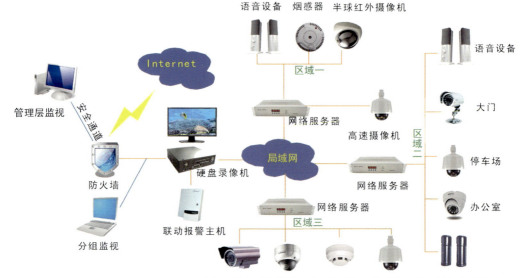

智能安防系统

出入口视频监控

应急通道视频监控

高空抛物监测预警

室外公共区域全景监控

儿童活动区视频监控

高空抛物轨迹识别追踪

8.8 邻里生活场景

标配场景

综合超市

■ 建设要求

功能：与城市建设及商业网点布局相匹配，满足居民购买日常物资（生鲜、日常用品等）的需求。

面积：小于300平方米。

级别：社区级。

■ 建设图集

综合超市

便民商业网点

■ 建设要求

功能：完善便民商业网点的种类，如理发店、洗衣店、药店、餐饮店等，且不宜设置在不方便到达的地方。

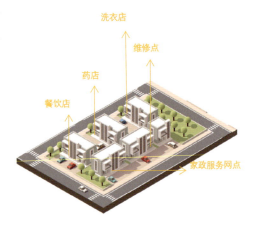

便民商业网点分布

■ 建设图集

便民商业网点

探索篇 / 239
8 场景营造

机动车停车及充电设施

■ 建设要求

功能：提供安全、便捷的停车设施，建设充电设施或预留建设安装条件，满足居民停车需求。

面积：一个车位/户。

级别：小区级。

■ 建设图集

机动车停车位示意图

立体机动车停车设施示意图

机动车充电设施示意图

快递末端综合服务点

■ 建设要求

功能：建设智能快递柜、智能信报柜，提供邮政快递收寄、投递服务。

面积：占地面积不小于15平方米。

级别：小区级。

■ 建设图集

智能快递柜

智能信报柜

快递末端综合服务点示意图

市政基础设施改造提升

■ 建设要求

建设供水、排水、供电、道路、供气、供热（集中供热地区）、通信等设施，达到设施完好、运行安全、供给稳定等要求。实现光纤入户和多网融合，推动5G网络进社区。

■ 建设图集

雨污分流

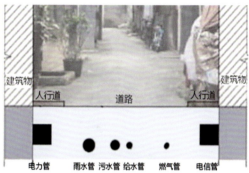

管线更新

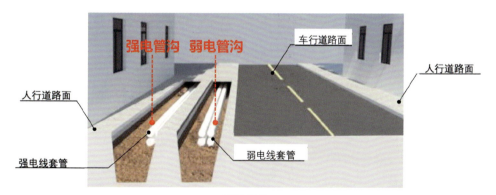

三线整治

加装电梯等无障碍设施

■ 建设要求

功能：社区的公共活动场所、住宅、公共建筑出入口和道路等均应设置扶手、无障碍电梯、无障碍坡道。

■ 建设图集

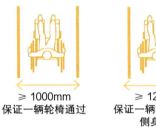
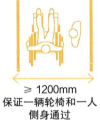

≥1000mm	≥1200mm	≥1500mm	≥1800mm
保证一辆轮椅通过	保证一辆轮椅和一人侧身通过	保证一辆轮椅和一个人正面相对通过	保证两辆轮椅正面相对通过

无障碍建设要求

老旧小区加装电梯

无障碍坡道

选配场景

因地制宜建设社区盒子、社区食堂、菜市场、智慧物流服务系统、荆楚品质生活平台等。

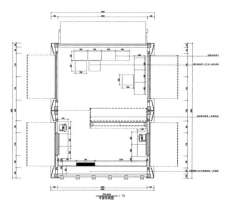

社区盒子建设参考

■ 建设图集

社区食堂

智慧社区生鲜盒子

菜市场

智慧物流服务系统

9

社区规划工具箱
TOOLBOX FOR INTEGRATED COMMUNITY PLANNING

9.1 社区使用视角

【工具箱1】：社区吐槽大会

（1）工具说明：社区吐槽大会是通过组织社区居民或社区居民代表，对社区中不足的方面（基础设施、社区服务、活动安排等）进行吐槽，以轻松、幽默的氛围，"多元、真实、犀利"的方式突显和还原社区真实问题。

（2）工具作用：带动居民表达观点，使居民敢于将不满表达出来，在轻松愉悦的氛围中得到更多真诚的建议。

（3）操作方式：邀请居民参加本社区的吐槽大会，幽默放松的氛围有助于彼此吐露心声，例如对社区居委会、对物业的吐槽等。

吐槽大会模板

【工具箱2】：营建课堂

（1）工具说明：营建课堂是指组织居委会、业委会、居民代表等参访优秀参与式社区规划成果，学习和借鉴经验，为开展参与式社区规划奠定知识基础。

（2）工具作用：让参访者学习优秀参与式社区规划经验，了解从立项到设计、实施等的流程，以及在其中如何发挥各个主体的作用，激发参访者产生感悟。

（3）操作方式：在线下亲身学习和感悟，并且可以参与现场问答的环节，有助于对优秀案例进行理解。

营建课堂模板

9 社区规划工具箱

【工具箱3】：社区地图

（1）工具说明：一般通过走访社区，邀请居民绘制社区地图，以直观地在社区地图上贴照片、便利贴等方式展现社区的全貌。

（2）工具作用：社区地图一方面加强了居民对于社区的了解程度，另一方面又提高了居民关注公共事务的责任感。

（3）操作方式：招募对社区规划感兴趣的小朋友，通过社区规划工作坊的形式展开工作，以走街、邀请居民绘制社区地图的直观方式展示社区全貌。例如，开展小小规划师工作坊，动员居民参与公共事务。

社区地图模板

【工具箱4】：座谈会

（1）工具说明：社区居委会组织相关居民举办一个简单的会议，邀请社区居民参与社区愿景的讨论，根据不同兴趣的小组（老人、儿童、年轻人、兴趣俱乐部等）或不同的话题（社区活动、公共场地等）举行相似的座谈会。

（2）工具作用：引导人们参与计划，帮助人们认识关键问题，激发居民的参与动力，同时确定每个人有用的才能和经历，明确下一步的需求等。

（3）操作方式：邀请对社区事务关心或拥有共同兴趣的居民共同讨论社区规划的某个话题。

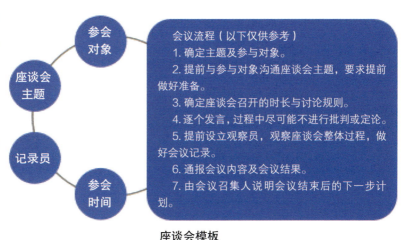

座谈会模板

【工具箱5】：我的理想社区

（1）工具说明：邀请不同年龄段的30名社区居民，充分认识社区的不足，提出社区改进的方向，用不同颜色的便利贴代表不同功能区的改造方向，形成理想社区标杆。

（2）工具作用：厘清社区资源、问题，培育社区共识，明确社区未来的改造方式、目标，提出的目标可以比较具体也可以比较抽象。

（3）操作方式：组织不同年龄段对社区熟悉的居民，儿童10名、年轻人10名、中老年人10名，开展线下活动，设置社区理想墙，再向不同功能区粘贴不同颜色的整改意见便利贴。

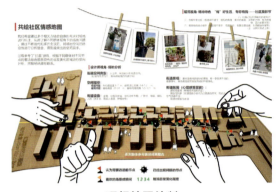

理想社区绘制

【工具箱6】：议题互动板

（1）工具说明：对前期调研中出现的极具争议的议题，预测会在后续环节中有居民提出并占用大量探讨时间和空间，可单独设置一个专门议题板收集居民的建议。

（2）工具作用：以公开探讨而非激化矛盾的形式，有意识地让居民看到多种声音并存，并引导居民在接受不同声音并存的情况下去尝试提案。

（3）操作方式：针对某项议题设立议题板征集居民声音，比如，在第一次工作坊中，居民都表达了强烈的对环境进行改造的期望，在讨论中，针对相同的空间，居民表达出了不同的心声，那么针对这些空间，同样作为居民的你又有什么想法呢？你又有什么机智的点子来解决这些问题呢？

议题互动板

探索篇 / 249
9 社区规划工具箱

【工具箱 7】：社区提案

（1）工具说明：根据发起主体的不同，社区提案可以分为居民提案和居民区提案。居民提案一般由居民向居委会提出，主要聚焦于本居民区范围内，与居民群体的切身利益密切相关的，且需要借助一定资源落实解决的居民区公共事务。跨居民区的事项或需要街镇协调的事项，可以由居委会向街镇提出，推动提案落实解决。

（2）工具作用：社区提案随提、随议、随办，聚焦居民普遍关切的社区议题，如加装电梯、交通出行等，可运用线上、线下相结合的方式，由居委会、街道开展议事协商，并反馈办理完成情况。

（3）操作方式：由居民向居委会（居民提案）、居委会向街镇（居民区提案）提出提案，开展议事协商并同步反映办理完成情况。

社区提案卡

【工具箱 8】：楼组长会议

（1）工具说明：楼组长作为居委会与居民之间的纽带，可在正式（如楼组会议）与非正式场合（如日常闲谈、楼组微信群）收集与归纳居民的问题与建议，再通过定期的单元楼组长会议反馈到上一级组织，自下而上打通信息传递渠道，确保居民建议确确实实被听见。

（2）工具作用：将居民的意见以楼组会议的形式进行上下传达，一方面可以扩充居民发声的渠道，另一方面居民也可以得到对于政策信息的准确解读，保证居委会日常工作能够顺利推进。

（3）操作方式：楼组长收集居民需求，将需求进行整理，最后在楼组长会议上由各楼组长进行发言。需要注意的是，楼组长为上下传达的节点，选取公信力较强的楼组长成员是十分重要的。

楼组长会议

【工具箱9】：关键人物访谈

（1）工具说明：社区中每一项规划或者改造都事关居民利益，找寻并访谈社区关键人物，可帮助社区规划师快速而有效地收集居民对于规划的看法与建议，为后续达成项目共识奠定基础。社区关键人物指与此项社区事务密切相关的利益相关方或关注社区事务的意见领袖，如居委会干部、业委会成员、妈妈团、志愿者骨干等。

（2）工具作用：帮助社区规划师快速融入社区，了解居民需求，为后续的项目规划做好资料上的准备。

（3）操作方式：以社区焦点事件为切入点，拜访社区关键人物，在收集信息的同时，引导他们思考社区所面临的问题、需求和可能的解决办法。此外，还可进一步协同居委会将其组织起来，鼓励他们发挥带头作用，加入项目后续计划。

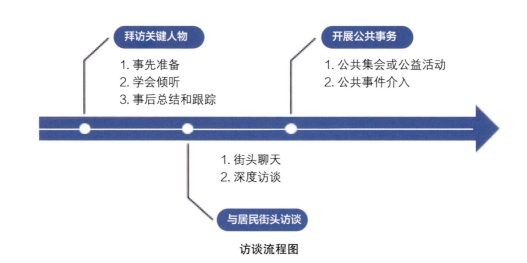

访谈流程图

【工具箱 10】："三会"（听证会、协调会、评议会）制度

（1）工具说明："三会"制度是在居民对项目方案意见不一致时，促进共识达成的机制。"三会"是指听证会、协调会、评议会，"三会"各司其职，有利于探索社区治理"最大公约数"。

（2）工具作用：引导居民有序参与社区治理，以自治的方式让居民自己解决项目推进过程中的矛盾。

（3）操作方式：首先，组织听证会初步征询居民对项目方案的不同意见和建议，目的是使居民的各种需求在会上得到充分表达，由居民共同商讨形成新的项目修改方案，并在7日内予以公示，公开向全体居民征求意见。对于涉及重大公共利益的项目，需要居（村）民代表会议表决通过，方可施行。当发生居民意见不一致甚至存在矛盾纠纷或是公示结果遭到部分居民否定时，通过民主恳谈，识别当事人的主要矛盾点，接着召开协调会，由调解人引导矛盾各方理性表达自己的需求痛点，通过平等有序的沟通，纾解矛盾，达成共识。项目达成合议后，召开评议会，组织居民代表对项目方案进行集体评议并投票，居民对项目方案的支持率超过一半，项目即可成功落地，同时根据评议会上的反馈及时调整方案内容。

（4）模板样式：听证会、协调会及评议会有不同的模板样式。

①听证会：根据"众人的事情由众人协商"原则，由社区居民代表、居（村）委会组织社区代表针对项目方案有争议的内容召开会议、广泛讨论，并提出具体修改意见。听证会的内容是项目方案中有争议、居民普遍关心、涉及居民切身利益的内容。

会议流程：a. 主持人报告议题；b. 居（村）委会通报听证议题的相关情况；c. 居民代表充分讨论，发表意见；d. 议题发起方代表回答与会人员的咨询；e. 梳理形成听证意见并进行表决，表决方式（举手或投票）由居（村）委会根据听证事项的实际情况决定。

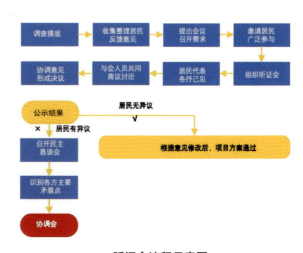

听证会流程示意图

②协调会：对项目中涉及社区成员间公益性、社会性的事务没有达成一致意见，或存在矛盾冲突的，组织利益相关方进行协商解决。

会议流程：a. 一般由居（村）委会成员担任调解人，介绍协调会的背景、目的、希望达到的成果、会议流程及规则；b. 由各方利益代表就矛盾、冲突的事实具体情况进行陈述，表达自己的诉求；c. 在充分了解情况、矛盾焦点以及各方观点和意见的基础上，提出解决建议，推动各方达成共识；d. 协调达成一致意见的，形成调解意见书（协议书），并提交与会人员签字或盖章，未达成一致意见的，也须在调解文书上签字或盖章。

③评议会：居民对最终形成的项目方案进行考核评议，旨在提升群众满意度和获得感。评议小组成员主要由社区在地居民组成，利用线上、线下结合的方式使调查面尽可能覆盖全体居民。

会议流程：a. 项目提案人报告项目方案；b. 项目提案人就报告内容接受与会人员提问，回答问题；c. 评议小组进行讨论，针对项目方案的可行性、存在的问题以及整改措施形成相关意见；d. 评议小组进行表决，形成优秀、良好、合格或不合格四个等级的书面评定意见，若优秀、良好等评价数量超过实际投票人数的一半，则通过该项目方案，开启项目的落地实施环节。

项目方案评议表

评议会：项目方案评议表				
被评议的项目方案	优秀	良好	合格	不合格
注：请在相应的栏内（"优秀""良好""合格""不合格"）画"√" 建议或意见：				

【工具箱11】：社区基金会

（1）工具说明：社区基金会是筹集参与式社区规划的重要平台，形式多样，可以灵活调动多方力量筹集资源。

（2）工具作用：作为辖区内具有第三方属性的单位资源，社区基金会可以通过多个维度，依托社区内的各项资源为参与式社区规划筹集资源。

（3）操作方式：社区工作人员围绕参与式社区规划的项目主题，依托社区基金会，联动社区内多方主体的力量，从而实现将社区内多样资源集中至参与式社区规划项目中来，为参与式社区规划项目提供支撑力量。对于没有成立社区基金会的，可以依托专项基金平台组织居民联合募捐筹款。

（4）模板样式：社区围绕"老小区的新问题"展开社区调研与公益资源挖掘，为社区的"微更新"项目充分提供助力。通过线下对接辖区内的企业与社会组织，线上利用众筹平台，向社会筹集资金，同时发动志愿者加入"微更新"团队中，从人、物、财三方面为居民区的社区更新项目筹集资源，并使这些项目获得社会的广泛关注。

社区基金会运作内容

【工具箱 12】：项目意见反馈表

（1）工具说明：以公告的形式对居民意见进行集中反馈，设置问题、策略及要达到的目标。

（2）工具作用：项目意见反馈表是对前期征询的居民意见进行及时反馈的工具，让居民诉求"件件有落实、事事有回应"，从而激发居民更好地监督项目、积极发表意见。

（3）操作方式：对收集的意见一一回应，制订详细的计划，并将其打印下来，粘贴在问题征询板旁边。

项目意见反馈表

项目意见反馈表				
一、优化问题（简述优化的问题以及迫切需要回应的原因等）				
二、回应目标（简述优化后方案所要达到的目标，尽可能量化）				
三、优化策略（简述该回应方案的具体回应步骤、方法、资源等）				
序号	时间	具体内容	责任人	使用资源

【工具箱 13】：社区规划居民公约

（1）工具说明：居民公约是由社区居民根据自身需求和社区问题，制订的一些社区内大多数居民达成共识的规则或是约定条款。主要分为四个板块，各个板块对应内容如下。

① 公约名称：简单直接表达公约主题，告知居民公约主题是什么。

② 细则内容：简洁易懂写明规则内容，告知居民公约内容有哪些。

③ 志愿激励：清晰明了呈现激励措施，告知居民监督奖励是什么。

④ 惩罚措施：严谨明确表达惩罚措施，告知居民违反惩罚是什么。

（2）工具作用：帮助居民激发维护意识，明确维护规则。

（3）操作方式：充分调研社区情况，结合其他民主征询、决策工具，按照参与式社区规划居民公约的四个模块制订居民公约。

居民公约（住户守则）参考

【工具箱 14】：组合宣传工具图

（1）工具说明：组合宣传工具图以线上与线下为两大应用场景，介绍了在维护参与式社区规划成果的不同阶段可以采用的多种宣传工具。

（2）工具作用：清晰标明各种宣传工具的特点以及适用阶段，便于社区工作人员按需选择。

（3）操作方式：社区工作者在应用时，可以结合宣传渠道、宣传资金、宣传目的、宣传阶段及宣传的主要受众群体特征，在组合宣传工具图中挑选出合适的工具，进而形成适合自己社区的组合宣传方式。

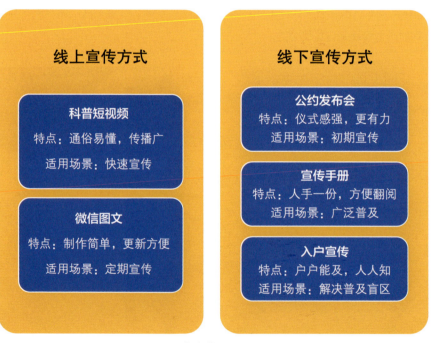

组合宣传工具图

9.2　技术/管理使用视角

【工具箱 1】：湖北省完整社区建设工作流程

坚持以人民为中心的发展思想，聚焦"基础设施应改尽改、公服配套有序完善、物业管理有效提升、基层治理创新示范"的总体要求，将城镇社区打造成为"环境整洁、设施完善、配套齐全、管理有序、文明和谐"的美好家园，不断提升社区居民的获得感、幸福感、安全感。

一、开展基础工作

（一）进行摸底调查。根据住房和城乡建设部等部门印发的《完整居住社区建设指南》，摸清社区现状，做到底子清、情况明。通过信息化手段建立电子档案。基础设施实现坐标定位，公共服务设施明确等级、规模、服务半径，实现电子地图"一张图"管理。

（二）组建自治组织。街道办事处在同级党组织的领导下，指导成立业主大会，选举业主委员会（党员一般不低于50%）。按照社区党组织领导下的社区居委会、业委会、物业服务企业三方联动机制，以社区党组织、小区党支部、业主委员会、物业服务企业及小区志愿者参与的"五方共建"模式开展民主决策和民主管理。

（三）加强政策宣传。结合党员干部下社区活动，采取电视、广播、自媒体、公告窗等多种形式，在机关、企事业单位、居住小区等开展社区建设政策宣传，明示政府、产权单位、个人的责任、权利和义务，做到家喻户晓，人人参与。

（四）收集各方意见。重点就完整社区建设听取产权单位与群众的意见，分析群众意愿与承受能力。

（五）编制专项规划。在调查摸底与收集意见的基础上，结合地方实际与城市更新实施计划，以县为单位，科学编制完整社区建设专项规划，明确建设时序、融资方式、建设模式、管理模式与工作标准，由地方人民政府批准。

二、确定改造项目

（一）开展意见征求活动。开展调查摸底活动，收集社区基本情况和居民建设需求，包括设施配套、出资参与改造、后期管理方式等事项，填写《完整社区建设意见收集表》，汇总形成《完整社区现状调查表》；对居民意愿强、参与积极性高、愿意接受后期物业管理的部分优先改造。

（二）提出试点申请。街道办按照"有条件申报、竞争性入围、成熟一个、推动一个"的原则进行商议并报属地住房和城乡建设部门审核。

（三）确定建设计划。由属地住房和城乡建设部门牵头，每年9月底前组织完成实地踏勘、范围划定、方案制定、资金测算，报住房和城乡建设部门审查。

【工具箱2】：湖北省完整社区建设评估标准

湖北省完整社区建设评估标准

（社区填写）

_____县（市、区）_____街道_____社区

大类	序号	小类	评价要求	评价内容		
基本公共服务设施完善	101	社区综合服务站	建筑面积以800平方米为宜，设置社区服务大厅、警务室、社区居委会办公室、居民活动用房、阅览室、党群活动中心等	1. 是否有社区综合服务站？	□是	□否
				2. 面积是否达标？	□是	□否
				3. 是否具有窗口、办事大厅、社会保障服务站、社区党员服务中心等社区服务功能？	□是	□否
	102	幼儿园	不少于6个班，建筑面积不小于2200平方米，用地面积不小于3500平方米，为3~6岁幼儿提供普惠性学前教育服务	1. 是否有幼儿园？	□是	□否
				2. 面积是否达标？	□是	□否
				3. 500米半径内是否覆盖本社区？	□是	□否
	103	托儿所	建筑面积不小于200平方米，为0~3岁婴幼儿提供安全可靠的托育服务。可以结合社区综合服务站、社区卫生服务站、住宅楼、企事业单位办公楼等建设托儿所等婴幼儿照护服务设施	1. 是否有社区托儿所？	□是	□否
				2. 面积是否达标？	□是	□否
				3. 500米半径内是否覆盖本社区？	□是	□否

续表

大类	序号	小类	评价要求	评价内容	
基本公共服务设施完善	104	老年人服务站	与社区综合服务站统筹建设，为老年人、残疾人提供居家日间生活辅助照料、助餐、保健、文化娱乐等服务。具备条件的居住社区，可以建设1个建筑面积不小于350平方米的老年人日间照料中心，为生活不能完全自理的老年人、残疾人提供膳食供应、保健康复、交通接送等日间服务	1.是否有老年服务站？	□是 □否
				2.面积是否达标？	□是 □否
				3.社区是否设置老年人活动中心？	□是 □否
				4.社区是否设置老年人照料中心？	□是 □否
				5.500米半径内是否覆盖本社区？	□是 □否
	105	社区卫生服务站	建筑面积不小于120平方米，提供预防、医疗、计生、康复、防疫等服务	1.是否有社区托儿所？	□是 □否
				2.面积是否达标？	□是 □否
				3.功能是否完善？	□是 □否
				4.500米半径内是否覆盖本社区？	□是 □否
便民商业服务设施健全	201	综合超市	建筑面积不小于300平方米，提供生鲜、日常生活用品等销售服务。城镇老旧小区等受场地条件约束的既有居住社区，可以建设2~3个面积为50~100平方米的便利店提供相应服务	1.是否有综合超市？	□是 □否
				2.面积是否达标？	□是 □否
				3.500米半径内是否覆盖本社区？	□是 □否
	202	多个邮件和快件寄递服务设施	建设多组智能信报箱、智能快递箱，提供邮件快件收寄、投递服务，格口数量为社区日均投递量的1~1.3倍。新建居住社区应建设使用面积不小于15平方米的邮政快递末端综合服务站。城镇老旧小区等受场地条件约束的既有居住社区，因地制宜建设邮政快递末端综合服务站	1.是否有邮件和快件寄递服务设施？	□是 □否
				2.智能信报箱、智能快递箱格口数量是否够用？	□是 □否
				3.是否有邮政快递末端综合服务站？	□是 □否
				4.500米半径内是否覆盖本社区？	□是 □否
	203	其他便民商业网点	建设理发店、洗衣店、药店、维修点、家政服务网点、餐饮店等便民商业网点	1.是否有便民商业网点？	□是 □否
				2.类型是否齐全？	□是 □否
				3.缺少哪一项便民商业设施？	□是 □否
				4.500米半径内是否覆盖本社区？	□是 □否

续表

大类	序号	小类	评价要求	评价内容		
市政配套基础设施完备	301	水、电、路、气、热	建筑面积以800平方米为宜,设置社区服务大厅、警务室、社区居委会办公室、居民活动用房、阅览室、党群活动中心等	1. 社区内是否达到水表"一户一表"？没有安装水表的户数（　）户	□是	□否
				2. 生活用水是否经常有浑浊、异味？	□是	□否
				3. 管网最近一次更新距今时间？	□是	□否
				4. 较高层用户是否存在用水困难？	□是	□否
				5. 是否建有污水管网？	□是	□否
				6. 排水系统是否雨污分流？	□是	□否
				7. 窨井盖是否有缺失？	□是	□否
				8. 是否有明显积水与污水漫溢现象？	□是	□否
				9. 管网最近一次更新距今时间？	□是	□否
				10. 供电电压是否稳定？	□是	□否
				11. 电表是否达到"一户一表"？	□是	□否
				12. 电线最近一次更新距今时间？	□是	□否
				13. 是否存在私拉电线行为？	□是	□否
				14. 通信网络是否覆盖？	□是	□否
				15. 有线广播电视是否覆盖？	□是	□否
				16. 网络宽带是否覆盖？	□是	□否
				17. 道路是否全部硬化？	□是	□否
				18. 道路是否平整无破损？	□是	□否
				19. 是否存在过窄不便通行路段？	□是	□否
				20. 已通管道气的是否"一户一表"？	□是	□否
				21. 燃气管道最近一次更新距今时间？	□是	□否
				22. 是否配置燃气管网安全保护标识？	□是	□否
				23. 是否设置环形消防车道？	□是	□否
				24. 无环形车道的尽端是否设置回车场？	□是	□否

9 社区规划工具箱

续表

大类	序号	小类	评价要求	评价内容	
市政配套基础设施完备	301	水、电、路、气、热	建筑面积以800平方米为宜，设置社区服务大厅、警务室、社区居委会办公室、居民活动用房、阅览室、党群活动中心等	25.是否配备应急照明、消火栓、灭火器等消防设施？	□是 □否
				26.消防水池是否接入城市消防管道？	□是 □否
				27.是否配置屋面防雷设施？	□是 □否
				28.应急照明、疏散及楼层指示标志是否齐全？	□是 □否
				29.功能用房是否达标？	□是 □否
				30.主要出入口、主要道路、公共区域、车辆集中停放区域、电梯(厅)等场所是否设置视频监控系统？	□是 □否
				31.视频监控是否有盲区？	□是 □否
				32.小围墙周界、建筑出入口与公共区域等场所是否设置入侵报警系统？	□是 □否
				33.是否设置身份识别、体温检测等多功能门禁系统？	□是 □否
				34.是否设置保安岗亭、智能车闸系统？	□是 □否
				35.小区300米内是否有移动基站？	□是 □否
				36.手机使用信号强弱程度？	□是 □否
				37.光纤线路是否接入门栋？	□是 □否
				38.电力、电信、热水器等线路敷设是否存在蜘蛛网现象？	□是 □否
				39.供电电压是否稳定？	□是 □否
				40.电表是否达到"一户一表"？	□是 □否
				41.电线最近一次更新距今时间？	□是 □否
				42.是否存在私拉电线行为？	□是 □否
				43.通信网络是否覆盖？	□是 □否
				44.有线广播电视是否覆盖？	□是 □否
				45.网络宽带是否覆盖？	□是 □否
				46.道路是否全部硬化？	□是 □否
				47.道路是否平整无破损？	□是 □否
				48.是否存在过窄不便通行路段？	□是 □否
				49.已通管道气的是否"一户一表"？	□是 □否

续表

大类	序号	小类	评价要求	评价内容	
市政配套基础设施完备	301	水、电、路、气、热	建筑面积以800平方米为宜，设置社区服务大厅、警务室、社区居委会办公室、居民活动用房、阅览室、党群活动中心等	50.燃气管道最近一次更新距今时间？	□是 □否
				51.是否配置燃气管网安全保护标识？	□是 □否
				52.是否设置环形消防车道？	□是 □否
				53.无环形车道的尽端是否设置回车场？	□是 □否
				54.是否配备应急照明、消火栓、灭火器等消防设施？	□是 □否
				55.消防水池是否接入城市消防管道？	□是 □否
				56.是否配置屋面防雷设施？	□是 □否
				57.应急照明、疏散及楼层指示标志是否齐全？	□是 □否
	302	停车及充电设施	新建居住社区按照不低于1车位/户配建机动车停车位，停车位100%建设充电设施或者预留建设安装条件。既有居住社区统筹空间资源和管理措施，协调解决停车问题，防止发生乱停车和占用消防通道的现象。建设非机动车停车棚、停放架等设施。具备条件的居住社区，建设电动车集中停放和充电场所，并做好消防安全管理	1.是否存在停车难问题？	□是 □否
				2.是否有建设地下停车库或者立体停车场的空间？	□是 □否
				3.电动车、自行车是否有专门的停车区域？	□是 □否
				4.小区是否有停车标识引导车辆有序停放？	□是 □否
				5.小区内是否有电动汽车充电桩？	□是 □否
				6.小区内电动车以何种方式充电？	□是 □否
	303	慢行系统	建设连通各类配套设施、公共活动空间与住宅的慢行系统，与城市慢行系统相衔接。社区居民步行10分钟可以到达公交站点	1.是否建设了连通的慢行系统？	□是 □否

续表

大类	序号	小类	评价要求	评价内容		
市政配套基础设施完备	304	无障碍设施	住宅和公共建筑出入口设置轮椅坡道和扶手，公共活动场地、道路等户外环境建设符合无障碍设计要求。具备条件的居住社区，实施加装电梯等适老化改造。对有条件的服务设施，设置低位服务柜台、信息屏幕显示系统、盲文或有声提示标识和无障碍厕所（厕位）	1. 主要出入口、公共建筑及住宅楼入口是否有可供轮椅、担架通行的无障碍坡道？	□是	□否
				2. 小区道路是否存在坡度过大、转弯过急现象？	□是	□否
				3. 小区内休闲空间是否留有轮椅停留空间？	□是	□否
				4. 小区内高差大或陡坎处是否设有防跌倒提示标语？	□是	□否
				5. 救护通道是否畅通？	□是	□否
	305	环境卫生设施	实行生活垃圾分类，设置多处垃圾分类收集点，新建居住社区宜建设一个用地面积不小于120平方米的生活垃圾收集站。建设一个建筑面积不小于30平方米的公共厕所，城镇老旧小区等受场地条件约束的既有居住社区可以采用集成箱体式公共厕所	1. 是否配置垃圾分类收集容器？	□是	□否
				2. 垃圾收集设施是否满足日常需求？	□是	□否
				3. 是否配置垃圾分类宣传标识？	□是	□否
				4. 楼栋内是否存在垃圾井、垃圾道？	□是	□否
				5. 公共区域是否设置有公共厕所？	□是	□否
公共活动空间充足	401	公共活动场地	至少有一片公共活动场地（含室外综合健身场地），用地面积不小于150平方米，配置健身器材、健身步道、休息座椅等设施以及沙坑等儿童娱乐设施。新建居住社区建设一片不小于800平方米的多功能运动场地，配置5人制足球、篮球、排球、乒乓球、门球等球类场地，在紧急情况下可以转换为应急避难场所。既有居住社区要因地制宜改造宅间绿地、空地等，增加公共活动场地	1. 是否有公共活动场地？	□是	□否
				2. 面积是否达标？	□是	□否
				3. 缺乏什么类型的活动设施、场地？	□是	□否
				4. 500米半径内是否覆盖本社区？	□是	□否

续表

大类	序号	小类	评价要求	评价内容	
公共活动空间充足	402	公共绿地	至少有一片开放的公共绿地。新建居住社区至少建设一个不小于4000平方米的社区游园，设置10%~15%的体育活动场地。既有居住社区应结合边角地、废弃地、闲置地等改造建设"口袋公园""袖珍公园"等。社区公共绿地应配备休憩设施，景观环境优美，体现文化内涵，在紧急情况下可转换为应急避难场所	1.是否有公共绿地？	□是 □否
				2.新建社区的社区游园面积是否达标？	□是 □否
				3.500米半径内是否覆盖本社区？	□是 □否
物业管理全覆盖	501	物业服务	鼓励引入专业化物业服务，暂不具备条件的，通过社区托管、社会组织代管或居民自管等方式，提高物业管理覆盖率。新建居住社区按照不低于物业总建筑面积2‰且不低于50平方米配置物业管理用房，既有居住社区因地制宜配置物业管理用房	1.小区是否有专门的物业管理公司？	□是 □否
				2.是否具备物业管理用房？	□是 □否
				3.是否具有门卫值班室？	□是 □否
				4.新建居住社区物业管理用房是否达标？	□是 □否
	502	物业管理服务平台	建立物业管理服务平台，推动物业服务企业发展线上、线下社区服务业，实现数字化、智能化、精细化管理和服务	1.是否建设了物业管理服务平台？	□是 □否

续表

大类	序号	小类	评价要求	评价内容	
社区管理机制健全	601	管理机制	建立"党委领导、政府组织、业主参与、企业服务"的居住社区管理机制。推动城市管理进社区，将城市综合管理服务平台与物业管理服务平台相衔接，提高城市管理覆盖面	1.是否建设了居住社区管理机制？	□是 □否
	602	综合管理服务	依法、依规查处私搭乱建等违法违规行为。组织引导居民参与社区环境整治、生活垃圾分类等活动	1.是否具有完善的综合管理服务？	□是 □否
	603	社区文化	举办文化活动，制订发布社区居民公约，营造富有特色的社区文化空间	1.是否举办过文化活动？	□是 □否
				2.是否制订并发布了社区居民公约？	□是 □否
				3.是否有具有特色的社区文化？	□是 □否

【工具箱3】：完整社区建设现状调查表

完整社区建设现状调查表

所属社区：		日期：				
业主姓名：		联系电话：		建成时间：		
住址：　栋　门　室			居住情况：　自住□　租赁□		入住时间：	
常住人口数			建筑面积	m²	家庭年龄组成	
文化程度					职业情况	在职□ 已退休□
有无自建违章：　有□　m²　无□					拆除自建违章	同意□ 不同意□
有无私家车	有□ 无□	有无电动 自行车		有□ 无□	供水情况	良好□ 一般□ 需改造□
					供气情况	良好□ 一般□ 需改造□
私家车数量		电动自行车 数量			供电情况	良好□ 一般□ 需改造□
					排水情况	良好□ 一般□ 需改造□
是否同意引入物业，并缴纳物业费： 同意□，接受物业费　元／月；不同意□					可否愿意承担部分改造费用	承担□　元 不承担□
是否同意自治管理，并缴纳服务费： 同意□，接受服务费　元／月；不同意□					是否同意补交住宅专项维修 资金	承担□　元 不承担□
拟建议社区亟须开展的整治工作（请在需要改造项后打√，不需要改造的打 ×）						
基本公共服务设施	1. 社区综合服务站（ ） 2. 幼儿园（ ） 3. 托儿所（ ） 4. 社区老年服务站（ ） 5. 社区卫生服务站（ ）					
便民商业服务设施	1. 综合超市（ ） 2. 邮件和快件寄递服务设施（ ） 3. 便民商业网点（ ）					
市政配套基础设施	1. 社区道路改造（ ） 2. 无障碍坡道和盲道建设（ ） 3. 合理设置交通标识标线（ ） 4. 社区公共部分雨污管道分流改造（ ） 5. 疏通改造化粪池（ ） 6. 雨污管道检查井改造（ ） 7. 公共供电设施更新改造（ ） 8. 供水管道改造（ ） 9. 雨水管道改造（ ） 10. 燃气管道整治（ ） 11. 电力设施改造（ ） 12. 公共"三线"整治（ ） 13. 垃圾分类收集设施（ ） 14. 室外消防设施维修改造（ ） 15. 疏通消防通道（ ） 16. 安装安防设施（ ）					

【工具箱 4】：完整社区建设意见收集表

完整社区建设意见收集表 1

统计截止日期			统计核准日期		
汇总录入单位（实施单位）名称			直接监管责任单位（组织调查单位）名称		
汇总录入单位录入意见		本单位承诺本表信息内容真实、来源准确，如有虚假，愿承担因此引起的后果责任	直接监管单位核准意见		本单位已按完整社区建设相关规定对本表信息进行了内容真实性审查，并已组织对现场公示情况进行了查验核实。经审查，本表内容真实可信
汇总录入单位责任人			直接监管单位责任人		
社区名称					
社区所属	区/县				
	街道				
社区总户数		意见反馈总户数		意见反馈率	
楼栋数		社区总占地面积		社区总建筑面积	
层数		总人口		60岁以上人口数量	
有无物业		物业收费标准		物业收费率	
有无业委会		机动车位数量		非机动车位数量	
出入口数量		入户率		建成时间	
同意引入物业，并缴纳物业费占比			愿意承担部分改造费用居民户数占比		
同意自治管理，并缴纳服务费占比			同意补交住宅专项维修资金居民户数占比		

【工具箱4】：完整社区建设意见收集表

完整社区建设意见收集表2

改造内容	现状情况及问题描述	意愿	反馈意见户数	反馈支持意见户占意见反总户数的比例	反馈支持意见分类排序
社区综合服务站		是			
		否			
幼儿园		是			
		否			
托儿所		是			
		否			
社区老年人服务站		是			
		否			
社区卫生服务站		是			
		否			
综合超市		是			
		否			
邮件和快件寄递服务设施		是			
		否			
便民商业网点		是			
		否			
社区道路		是			
		否			
楼栋三线整治		是			
		否			
楼道照明改造		是			
		否			
雨水管道改造		是			
		否			
空调冷凝水排水系统改造		是			
		否			
对讲系统		是			
		否			
防雷设施整治		是			
		否			

【工具箱5】：完整社区建设申请表

_____完整社区建设申请表

_____省_____县（市、区）_____街道办事处：

_____社区位于_____，有小区___个，有楼栋___栋，住户___户，建筑面积___m²；因市政配套设施不完善、社区服务设施不健全、居民改造意愿强烈。依照"共同缔造"理念，现已召开业主大会，同意申请完整社区建设试点工作。

我们知悉在建设过程中可能对居民日常生活造成影响，将予以理解和支持，并配合做好试点工作，对个别居民的不理解行为及时沟通，避免出现矛盾纠纷，确保改造工作顺利推进。

特此申请将_____社区纳入___年完整社区建设计划。

联系人：　　　　　联系电话：

申请人：（业委会盖章）

年　月　日

社区居委会意见	社区居民委员会（盖章） 年　月　日
城关镇、街道意见	城关镇、街道（盖章） 年　月　日

【工具箱6】：完整社区建设方案意见反馈单

完整社区建设方案意见反馈单

_____省_____县市区_____街道办事处：

_____社区建设方案已在社区显著位置进行公示，经组织业主讨论，并将收集的意见与社区、实施主体、设计单位进行沟通，现已达成一致意见，同意修改后的建设方案。

_____社区居民委员会（盖章）

年　月　日

【工具箱 7】：完整社区建设居民满意度调查表

完整社区建设居民满意度调查表

姓名		性别		年龄		住址	
单位				填表时间		年 月 日	
序号	调查内容		意见				
			非常满意	满意	基本满意	不满意	
1	意愿征求						
2	文明施工						
3	环境改善						
4	配套完善						
5	施工质量						
6	总体评价						

对社区建设的意见、建议：

签名：　　　　联系方式：

【工具箱8】：致居民的一封公开信（参考）

致居民的一封公开信（参考）

亲爱的居民朋友：
您好！

  我们生活在同一座城市，但城市中有不同的风景、不一样的存在。哪怕只有一路之隔，那边高楼林立、流光溢彩，这边老旧残破、暗淡无光。明明只隔着几十米的距离，却仿佛穿越了几十年的光阴。当您看到新建小区水电入户、生活便利的时候，是否觉得自己居住的社区管网老化、"跑冒"频发？当您看到新建社区绿树成荫、设施齐全的时候，是否觉得自己居住的社区绿化太少，想休闲健身却无处可去？当您看到新建社区干净整洁、井然有序的时候，是否觉得自己居住的社区环境脏乱差，车辆停放杂乱无章？

  曾几何时，您所在的社区也是那么的崭新舒适，但随着科技的进步和时代的发展，历经数十年的变迁，它已经渐渐不适应现代城市化发展的进程，不能满足您对居住品质的追求，您多希望它能除旧更新，从"里子"到"面子"，处处焕发生机与活力！

  民之所盼，政之所应。湖北省委、省政府顺应民意，开展"美好环境与幸福生活共同缔造"活动，将完整社区建设工作作为提升广大居民获得感、幸福感、安全感的民心工程和德政工程。通过完整社区建设，有助于改善居住环境，提升房屋价值，拉近邻里关系。本次建设内容主要包括：_____。

  社区是我们每天出入、居住的大环境，希望广大居民树立"社区整治人人参与，美好环境家家受益"的思想，身体力行、积极配合、主动参与、出资出力，改造我们赖以居住的小区，努力实现社区好看又好住的改造目标。建不建、建什么、怎么建，大家一起商量着办，改造后根据大家伙儿的意愿确定社区后续管理模式，共同出资建立专项维修资金，自管自用，实现社区长效管理、常维常新。

  人民城市人民建，人民城市人民管。希望广大居民全面了解完整社区建设的目的及意义，积极配合我市完整社区建设工作。因工程施工给大家带来不便，我们表示诚挚的歉意，希望广大居民谅解，给我们一段时间，我们将还给广大居民一个"环境整洁、设施完善、配套齐全、管理有序、文明和谐"的美好家园。

_____社区居民委员会
年　月　日